七猫教育テキスト1

保育原理

編著 山本一成

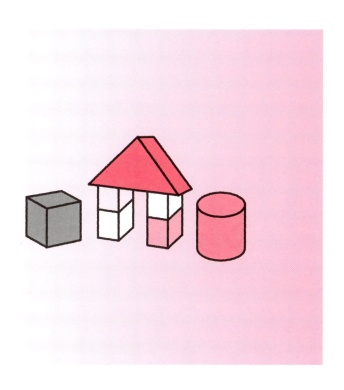

七猫社

編者のことば

「保育原理」という言葉を聞くと、とても難しそうな印象を受ける人が多いかと思います。そのような人は、「原理」という言葉を、「大事なこと」という言葉に置き換えて考えてみましょう。「保育を理解するうえで大事なこと」を学ぶ科目ということであれば、興味がわいてくる人も多いのではないでしょうか。

それでは、「保育を理解するうえで大事なこと」とは具体的にどのようなことがあるでしょうか。もちろん、保育は目の前の子どもたちを相手にした関わりですので、子どもに関わるうえで「大事なこと」を学ぶのも「保育原理」という科目の役割のひとつです。しかし、「保育」といういとなみを理解するためには、子どもとの関わりについて学ぶだけではなく、多角的な視点を身につけていくことも必要です。

まず、そもそも「保育」とは何でしょうか。このことは第1章で詳しく解説されています。保育といういとなみがどのようなことを目指して行われているものなのか、保育は社会のなかでどのような役割を担っているのか、保育はどのような場所で行われているのか。このようなことを知っていくことで、保育についての視野が広がっていくはずです。

次に、「保育」を成り立たせている社会の仕組みについて、みなさんはどれくらいご存知でしょうか。このことは第2章で解説されています。「保育」といういとなみを成立させている法律・制度や、保育所・幼稚園・認定こども園の違いなどについて、学んでいきます。

第3章から第5章は、子どもたちと関わるうえで「大事なこと」の話が中心になります。第3章では保育を行ううえでの基本原理を大きく3つに絞り、「養護と教育の一体性」「環境を通した保育」「生活と遊びを通しての保育」について解説しています。第4章では、子どもたちの育ちにとって「大事なこと」と、保育者が保育を計画・記録するうえで「大事なこと」を取り上げています。保育の計画や記録の意味について学ぶことは、これからボランティアや実習等で保育に関わるうえで役立つ知識になるはずです。さらに、子どもと関わるうえでは、子どもの発達について知ることも必要です。第5章では、年齢ごとの子どもの発達について知ることが、なぜ保育にとって「大事なこと」なのかが解説されています。

第6章から第8章は、過去と未来、日本と世界を横断する視野をもって、保育について学ぶことになります。第6章では、欧米の保育の思想と歴史が、第7章では、日本の保育の思想と歴史が解説されています。今、みなさんが当たり前の

ように保育や子どもにとって「大事」だと思っていることも、過去にはそれが当然ではなかった時代もあります。歴史を紐解くことで、自分自身の子ども観や保育観を見直すような学習をしてみてください。第8章は、現代の日本と世界の保育の状況が解説されています。ここでは「現在」の状況が解説されていますが、みなさんが保育者となるのは、これから先の「未来」です。みなさん自身がどのようなことを「大事」にして未来の保育を作っていくか、第8章を読んで考えてみてほしいと思います。

　なお、2018（平成30）年4月1日をもって、保育所保育指針、幼稚園教育要領、幼保連携型認定こども園教育保育要領が改訂・施行されました。今回の改訂では、3歳未満児の保育、子育て支援、災害への備え、幼小連携などについての記載が充実し、時代の流れを反映したものとなっています。また、保育所・幼稚園・認定こども園に共通した「幼児期の終わりまでに育ってほしい姿」が明記され、幼保連携についても一歩進んだ形が示されました。本書はこれらの改訂にも対応したものとなっています。

　本書は、ワークやコラムなどを多く設けることで、みなさん自身が保育に関心をもち、みなさん自身のものとして知識を身につけていくことを目指して作られています。ぜひ本書を活用し、素敵な保育者になるための学びを深めていってほしいと思います。

＜本書の特徴＞

- 本書は保育士養成課程における「保育原理」の授業での活用を想定しています。
- 要点を絞ることで文章量を少なめにし、わかりやすい言葉を用いて作成することを目指しています。
- 理論的知識については保育実践との関連を、歴史については現代の保育（教育）との関連を意識しやすいよう執筆・編集されています。
- 各章の冒頭には、「ポイント」が箇条書きで示されています。
- 各章には「ワーク」があり、教科書の内容を元に、読者自身が考えたり、調べたりする仕掛けが盛り込まれています。
- 各章の最後には、「確認テスト」が設けられています。
- 側注には、より学びを深めるための文献情報、関心を広めるためのコラムが記されています。

もくじ

編者のことば　　3

1章　保育とは　……………………………………………8

1　保育の概念と理念　8
Keyword：「保育」と「教育」／ケア／子どもの最善の利益／生きる力

2　現代の社会と保育　13
Keyword：待機児童問題／子どもが育つ場所／人生の始まりこそ力強く／子育て支援／保育所の社会的責任

3　保育の場のひろがり　18
Keyword：保育所／幼稚園／認定こども園／地域型保育

確認テスト

2章　保育の制度　……………………………………………24

1　保育に関わる制度と法令のしくみ　24
Keyword：子ども・子育て関連3法／子ども・子育て支援新制度／幼稚園教育要領／保育所保育指針

2　保育所・幼稚園・認定こども園の違い　29
Keyword：保育所・幼稚園・認定こども園の違い／預かり保育／幼保一元化／保育を必要とする事由

3　子育て支援に関わる制度　34
Keyword：地域子ども・子育て支援事業／児童虐待防止法

確認テスト

3章　保育の基本原理　……………………………………………40

1　養護と教育の一体性　40
Keyword：「養護」と「教育」の一体性／幼児教育における「5領域」

2　環境を通した保育　44
Keyword：保育における「環境」／環境構成／居場所／コーナー保育

3　生活と遊びを通しての保育　49

　　Keyword：「生活」と「遊び」と「学び」

確認テスト

4章　保育の実践 …………………………………………………55

1　保育の目標と方法　55

　　Keyword：保育の目標／幼児教育において育みたい資質・能力／幼児期の終わりまでに育ってほしい姿

2　保育の計画　60

　　Keyword：保育の計画／カリキュラムマネジメント／全体的な計画／「ねらい」と「内容」

3　保育の記録と省察　65

　　Keyword：保育記録／省察／保育カンファレンス／保育の評価／保育者の成長

確認テスト

5章　発達と保育との関係 ……………………………………71

1　育つことと育てること　71

　　Keyword：発達の最接近領域／ヴィゴツキー／協同する活動

2　乳児保育　74

　　Keyword：愛着関係／ボウルヴィ／応答的な関わり／基本的信頼感

3　1歳以上3歳未満児の保育　78

　　Keyword：自我の芽生え／第1次反抗期／平行遊び／ピアジェ／自己中心性

4　3歳以上児の保育　82

　　Keyword：道徳性と規範意識／心の理論／自己制御／外言・内言

確認テスト

6章　欧米の保育の思想と歴史 ………………………………87

1　子どもの発見と近代教育の誕生　87

　Keyword：子どもの発見／近代教育／コメニウス／ルソー／ペスタロッチ／フレーベル

2　児童中心主義と新教育運動　91

　　　Keyword：児童中心主義／新教育運動／エレン・ケイ／デューイ／モンテッソーリ

　3　保育施設の発展　96

　　　Keyword：保育施設／オーベルラン／オーエン／マクミラン姉妹

確認テスト

7章　日本の保育の思想と歴史 …………………………………102

　1　幼稚園・保育所の成立と発展　102

　　　Keyword：学制／東京女子師範学校附属幼稚園／頌栄幼稚園・頌栄保姆伝習所／新潟静修学校

　2　保育思想の発展　107

　　　Keyword：橋詰良一／倉橋惣三／城戸幡太郎

　3　戦中・戦後の保育　112

　　　Keyword：戦時託児所／幼児集団疎開／保育要領／幼稚園教育要領の改訂

確認テスト

8章　世界の保育の現状と未来 …………………………………117

　1　日本の保育の現状　117

　　　Keyword：日本の少子化／女性の就労／保幼小接続／OECD諸国と日本の現状

　2　世界の保育の現状　123

　　　Keyword：生活基盤型―就学準備型／レッジョ・エミリア・アプローチ／テーマ活動とドキュメンテーション／ヘッド・スタート・プログラム／テ・ファリキと「学びの物語」

　3　保育の未来　129

　　　Keyword：ESD（持続可能な開発のための教育）／多文化共生保育／地域連携

確認テスト

　資料：保育所保育指針
　　　　幼稚園教育要領

1章　保育とは

POINT
- 保育は子どもの育ちを支えるケアと教育の一体的いとなみである。
- 社会が変化するなかで、保育には新たな役割が求められている。
- 保育に対するニーズが多様化し、保育の場が広がっている。
- 保育の場で子どもが育つことの意味を考える必要がある。

1　保育の概念と理念

(1)「保育」という言葉からイメージするもの

「保育」という言葉を聞いて、あなたは何をイメージしますか。保育所、保育士、保育実践など、保育という言葉は身近なものとして使われていますが、「保育とは何か」と問われると、答えるのは案外難しいのではないかと思います。

ワーク

「保育」という言葉からイメージするものを書き出してみましょう。例えば、誰が対象となり、どこで行われるのか、また、どのようなことを行うのかといった視点から、思いつくことを気軽に書いてみてください。書き出したものを誰かと見せ合ってみましょう。

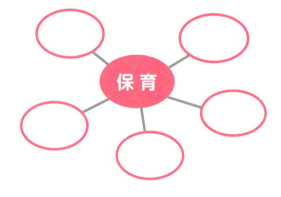

(2) 保育の概念

1)「保育」と「教育」

　保育に対するイメージはさまざまであり、人によっても異なっているのではないかと思います。保育という言葉の一般的な定義をみてみると、『大辞林』では「保護し育てること、育成すること」が第1の意味として挙げられています[1]。また家庭外の施設で乳幼児を育てることを表わす語としては、一般に保育所が「保育」で幼稚園が「教育」と捉える傾向が根強くあるといわれています[2]。では、ここで保育という概念をよく理解していくために、その歴史を振り返ってみましょう。

　保育という言葉は、明治期の初めに、東京女子師範学校附属幼稚園の「幼稚園規則」（1876年）のなかで、幼稚園の教育を表すものとして使われたのが始まりです。そこには、幼児期の教育は、小学校教育とは異なる独自性をもっているという意味が込められていました。一方、明治期には、労働者の子どもや貧しい家庭の子どものための託児所や保育所が作られ、そこでも保育という言葉が使われるようになりました。

　このような歴史を踏まえたうえで、幼稚園と保育所について定めた法律をみてみましょう。幼稚園は、学校教育法において、次のような目的をもつものとされています。

　　学校教育法第22条
　　幼稚園は、義務教育及びその後の教育の基礎を培うものとして、幼児を<u>保育</u>し、幼児の健やかな成長のために適当な環境を与えて、その心身の発達を助長することを目的とする。（下線は筆者）

　また、保育所の目的は児童福祉法において次のように定められています。

　　児童福祉法第39条
　　保育所は、<u>保育を必要とする</u>乳児・幼児を日々保護者の下から通わせて<u>保育を行う</u>ことを目的とする施設（利用定員が二十人以上であ

[1]『大辞林　第三版』三省堂、2006年

[2]　湯川嘉津美「保育という語の成立と展開」日本保育学会編『保育学講座1 保育学とは―問いと成り立ち』東京大学出版会、2016年、pp.41-68.

るものに限り、幼保連携型認定こども園を除く。）とする。（下線は筆者）

このように、幼稚園も保育所も、ともに「保育」を行うことを目的としていることがわかります。学校教育法の「保育」には、幼児期の子どもは大人が保護しながら教育することが必要であるという観点から、「保護育成」あるいは「保護教育」いう意味が込められています。また、児童福祉法の「保育を必要とする」という文言は、家庭での保育を表しており、日中家庭で保育を受けられない乳幼児に対して保育を行うとされています。

現在、「保育」と「教育」という言葉にはさまざまな捉え方があり、2つの概念は別々のものとして分けられる傾向にあります（保育は「保育を必要とする」子どもを対象とする福祉であり、教育は学校教育である、というように）。しかし、保育という概念は、家庭、保育所、幼稚園などで行われる子どもの育ちを支える幅広いいとなみを含む意味をもっていることを覚えておく必要があります。

2）ケアと教育の一体的いとなみとしての保育

このように、保育という概念が広い意味をもつのは、保育が教育的な視点に加えて、「ケア」という視点を含んでいるためです。「ケア（care）」という言葉は、「世話」「配慮」「注意」「心配」(3)といった多様な意味をもっています。乳幼児期の保育を表す英語として、Early Childhood Care and Education（ECCE）あるいは Early Childhood Education and Care（ECEC）があります。どちらの語も、乳幼児期の子どもに対するケアと教育を表しており、保育がその両方に基づく概念であることを示しています。

このことは、保育所保育指針第1章2（1）の「保育所における保育は、養護及び教育を一体的に行うことをその特性とするものである」という記述にも表れています。すなわち、保育は、子どもが健やかに安心して過ごすことができるようなケア（養護）と子どもの育ちを支えたり促したりするための幅広い意味での教育の一体的ないとなみとして捉えることができます。（養護と教育の一体性については、第3章を参照）

補足

認定こども園

認定こども園は、「教育及び保育」を行う場であるとされ、教育と保育を併記することが求められている。

(3)『ジーニアス英和大辞典』大修館書店、2001年

補足

ケア（care）

教育哲学者であるノディングスはケアを専心と動機づけの転移として定義している。専心とは、ケアされる側が伝えようとすることを誠心誠意聴き、見て、感じることであり、動機付けの転移とは、自分自身を大切にするのと同じように、他者を助けるために何ができるかを気遣うことである。

このような共感的なケアリングの関係は、幼児教育や学校教育の場でも重要なものと考えられている（ネル・ノディングズ　佐藤学〈監訳〉『学校におけるケアの挑戦―もう一つの教育を求めて』ゆみる出版、2007年、佐伯胖「子どもを

1章　保育とは

(3) 保育の理念

次に、保育がどのような理念に基づいて行われるものであるのかをみていきましょう。ここでは、保育所保育を中心としながら、保育の理念について整理したいと思います。

1) 子どもの最善の利益

まず、保育は「子どもの最善の利益※」という理念に基づいています。この理念は、1989年に国連によって採択された「児童の権利に関する条約」（通称「子どもの権利に関する条約」）に定められており、保育所保育指針でも大切にされているものです。

保育所は、先に述べた通り「保育を必要とする子ども」を保育する場所です。保育所保育指針第1章の1 (1) では、さらに具体的に保育所の役割について述べられています。

> 保育所は、児童福祉法（昭和22年法律第164号）第39条の規定に基づき、保育を必要とする子どもの保育を行い、その健全な心身の発達を図ることを目的とする児童福祉施設であり、入所する<u>子どもの最善の利益を考慮し、その福祉を積極的に増進することに最もふさわしい生活の場でなければならない</u>。（下線は筆者）

保育所は、保育を必要とする子どもの保育を行うことで、親の就労を支える機能を担っています。しかし、保育で最も重要なのは、子どもにとって意義のあるものであること、子どものための保育であることです。すなわち、保育には「子どもの最善の利益」（子どもにとっての幸せ）とは何かということを常に問いながら、子どもの生きる世界をより豊かなものにしていくことが求められています。そのためには、親や保育者などの大人の視点だけではなく、子どもに何が見えているのかという子どもの視点から保育を創造していくことが必要になるでしょう。

2) 生涯にわたる人間形成の基礎

次に、保育は「生きる力」という理念に基づいています。保育所保育指針第1章1の (2) では、「保育所は、子どもが生涯にわたる人間形成にとって極めて重要な時期に、その生活時間の大半を過ご

『人間としてみる』ということ」子どもと保育総合研究所〈編〉『子どもを「人間としてみる」ということ―子どもとともにある保育の原点』ミネルヴァ書房、2013年）。

　補　足

子どもの最善の利益

「児童に関するすべての措置をとるに当たっては、公的若しくは私的な社会福祉施設、裁判所、行政当局又は立法機関のいずれによって行われるものであっても、児童の最善の利益が主として考慮されるものとする」（第3条第1項）ことが定められている。なお、「児童の権利に関する条約」では、「児童の生存及び発達を可能な最大の範囲において確保すること（第6条）」や、児童が「自己の意見を表明する権利を確保する（第12条）」ことなどが求められている。

す場である」とされており、乳幼児期の保育所での生活が、その子の人間形成にとって重要な意味を持つと考えられています。「生きる力」は、このような人間形成の基礎にあたるものであり、その育成は保育の目標のひとつとなっています。

　また、保育所保育指針に、「保育所の保育は、子どもが現在を最も良く生き、望ましい未来をつくり出す力の基礎を培う」（第1章1の(2)）とあるように、子どもが幼児期ならではの時間を生きることと、将来に必要になる力を身につけることの両立が目指されており、その意味で小学校以上の教育との接続も課題となっています。

　「小学校学習指導要領解説」によれば、「生きる力」とは、①生きて働く「知識・技能」、②未知の状況にも対応できる「思考力・判断力・表現力等」、③学びを人生や社会に生かそうとする「学びに向かう力、人間性等」の3つの柱として整理され、幼児期はその基礎を培うものとして位置づけられます。そのため、保育所保育指針、幼稚園教育要領、認定こども園教育・保育要領に共通して、生涯にわたる「生きる力」の基礎を培うため「育みたい資質・能力」を一体的に育むことが求められています。

　保育所保育指針にあるように、「今、ここ」を生きる子どもの生活を充実させることによって、子どもにとって望ましい未来をつくり出す力を育むことが保育に求められているといえるでしょう。

補足

幼児期の教育

幼稚園教育要領では、「幼児期の教育は、生涯にわたる人格形成の基礎を培う重要なもの」とされている。

補足

育みたい資質・能力

育みたい資質・能力とは、豊かな体験を通じて、感じたり、気づいたり、わかったり、できるようになったりする「知識及び技能の基礎」、気づいたことや、できるようになったことなどを使い、考えたり、試したり、工夫したり、表現したりする「思考力、判断力、表現力等の基礎」、心情、意欲、態度が育つなかで、よりより生活をいとなもうとする「学びに向かう力、人間性等」である。

1章　保育とは

2　現代の社会と保育

(1) 現代の社会と子どもの育ち

ここまで、保育の概念と理念についてみてきました。ここからは、それを踏まえたうえで、現代の社会において、保育には何が求められているのかを考えてみましょう。

時代や社会の変化は、大人の生活だけでなく、子どもの育ちにも大きな影響を与えます。現代社会は、子どもの育ちという観点からみて、どのような特質をもっているのでしょうか。

1) 少子化、核家族化、女性の社会進出

現代社会では、少子化が大きな問題となっています。厚生労働省「人口動態統計月報年計」によれば、2016（平成28）年の出生数は98万6,979人で、統計を取り始めた1899年以来、初めて100万人を下回りました。また、15～49歳の女性が産む子ども数の平均を表す合計特殊出生率は1.44（概数）でした。過去最低を記録した2005（平成17）年の1.26に比べるとわずかに増えていますが、依然として少子化の状態にあります。

また、現代では、子どものいる世帯の多くは夫婦と未婚の子どもで構成される「核家族」であるといわれています。加えて、女性の社会進出が進むなかで※、家庭以外の保育に対するニーズが高まっています。

このことは、近年都市部を中心に深刻化している待機児童問題※に深く結びついています。厚生労働省「待機児童の解消に向けた取組の状況について」によれば、2017（平成29）年4月1日時点での待機児童数は26,081人であり、そのうちの72.1％にあたる18,799人が都市部に集中しています。待機児童解消のために保育の場は拡大されていますが、働く女性の増加に伴って、保育を必要とする子どもの数も増加しているのです。

2) 子どもが育つ場の変化

このような社会の変化は、子どもの育ちに何をもたらすのでしょうか。汐見(2)は、これまでの歴史のなかで、子どもたちは「地域社会での放牧」、「家での仕事」、「家庭の団らん」という〈3つの場〉

　補　足

女性の社会進出

内閣府（2017）『男女共同参画白書　平成29年版』によれば、15～64歳女性の就業率は1986（昭和61）～2016（平成28）年の30年間に53.1％から66.0％に上昇している。

　補　足

待機児童問題

待機児童とは、保育所等への入所を希望しているにもかかわらず、入所できていない子どもを指す。近年、都市部を中心に保育所等に入所できない待機児童の数が増加し、母親の就労に大きな影響を及ぼしていることなどが社会問題となっている。

このような待機児童問題の解決に向けて、保育の受け皿を増やすことや保育士の待遇改善などの取り組みが行われているが、依然として数多くの待機児童が存在している。

(2)　汐見稔幸監著・木村歩美編著『「人間」と「文化」と「育ちの原点」への保育学を拓く―問いが響き合う地平に』萌文社、2012年

のなかで育ってきたことを指摘しています。かつて、子どもたちは地域のなかで自由に遊んだり、家業や家の手伝いをしたり、家族で食卓を囲んだりするような日常を送り、そのなかで生きていくために必要な力が培われていました。しかし、現代は子どもの育ちにとって重要な役割を果たしていた〈3つの場〉は、ことごとく失われた時代であるといわれています。

　現代社会においては、このような状況を踏まえたうえで、どのように子どもを育てていくのかを考えることが課題となっています。そのことは、これからの保育をどのようなものとして考えていくのかという問題に結びついているといえます。

(2) 保育への国際的関心の高まり

　現在、乳幼児期の保育は、世界的に関心を集めています。その理由のひとつは、近年の研究において保育の社会経済的な効果が明らかにされたことです。ノーベル賞経済学者であるヘックマン(3)は、調査研究を通して乳幼児期のしつけや環境が、その後の人生を大きく左右することを明らかにしました。すなわち、早い段階から質の良い保育を受けた子どもは、そうでない子どもに比べて、将来的に収入が高く、より成功した人生を送っていることが実証されたのです。このことは、保育に投資し、質の高い保育を提供することが、長期的にみると国の成長につながるということを示しています※。

　また、貧困や格差などの問題解決にとっても、保育は有効であると考えられるようになっています(4)。さまざまな家庭的背景をもつ子どもがいるなかで、早いうちから平等に質の高い保育を受けることが、格差の解消・縮小につながることが期待されています。

　このように、現代の保育は、経済的な観点から関心を集めています。OECD（経済協力開発機構）は、これからの社会を生き抜く人材を育てるためには、生涯にわたって学び続けることが必要だと考えています。そのような生涯にわたる学びは、乳幼児期からスタートするものであり、その点からも保育の質を高めていくことが重要だとされています。そのことは、OECDの報告書のタイトルである「人生の始まりこそ力強く（Starting Strong）※」という言葉に

---

(3) ジェームズ・J・ヘックマン著（大竹文雄解説・古草秀子訳）『幼児教育の経済学』東洋経済新報社、2015年

 補足

質の高い保育への投資

　収入の高い人が増えれば、国の税収が増え、生活保護費なども抑制することができると考えられている。

(4) 山野良一「発達格差の中の子どもたち―保育と文化資本の観点から」佐藤学・秋田喜代美・志水宏吉・小玉重夫・北村友人編『岩波講座 教育 変革への展望3 変容する子どもの関係』岩波書店、2016年、pp.71-98.

 補足

力強く

　Starting strongは、2001年に出版され、2006年、2012年、2015年、2017年に新たな報告書が出されている。なお、最新の報

表れているといえるでしょう。

以上のような背景から、現在「保育の質」は大きなテーマとなっています。どのような保育を行うことが、子どもの現在や将来をより豊かなものにするのかという視点から、質の高い保育とは何かを考えていくことが重要になっています。

(3) 保育所のさまざまな役割

保育所は、子どもにとってふさわしい生活の場であり、その豊かな成長発達を支えるものです。しかし、現代社会の問題を踏まえて、近年、保育所にはさまざまな役割が求められるようになりました。日常の保育だけではなく、保護者や地域に対する役割が求められているといえます。ここでは、1）子育て支援、2）保育所の社会的責任、の2つを取り上げます。

1）子育て支援

近年、子育て支援はさまざまな場で行われています。地域の子育て支援センターや、保育所や幼稚園などの保育施設、子育てサークルなど、子育て支援の場は広がりをみせているといえるでしょう。

それでは、保育所における子育て支援とはどのようなものなのでしょうか。保育所保育指針には「第4章　子育て支援」という項目が設けられています。そこでは、「保育所における子育て支援に関する基本的事項」として、保育所の特性を生かした子育て支援を行うことが求められています。具体的には、保護者との信頼関係を基本として、保護者の気持ちを受け止め、その自己決定を尊重することや、保育者の専門性などを生かした支援を行うことが重要だと考えられています。

また、子育て支援を誰に対して行うのか、ということにも触れられており、「保育所を利用している保護者に対する子育て支援」だけでなく、「地域の保護者等に対する子育て支援」も求められています。保育所を利用する保護者への子育て支援では、保護者との日々のかかわりや、保護者の保育参加などを通して相互理解を図ることが基本とされています。加えて、病児保育や障がいのある子ども、外国籍の子どもなど特別な配慮が必要な家庭に対する支援、不適切

告書によれば、日本の保育・幼児教育の課題としてベテランの保育者の割合が少ないことが見て取れる。日本は保育者全体のうち55％が30歳以下であり、調査対象国のうちで最も多い。保育の質を高めていくためにも、経験を積んだ保育者が継続してキャリアアップしていくことのできる仕組みづくりが求められる。

な養育や虐待が疑われる家庭に対する対応などもその役割とされています。

さらに、保育所を利用していない地域の保護者への子育て支援も、保育所の役割であることが明示されています。具体的には、「地域に開かれた子育て支援」として、保育所保育の専門性を生かした支援を行うことや、地域の子どもに対する一時保育などの留意点が述べられています。また、ここでも不適切な養育環境に置かれている子どもや虐待が疑われる子どもへの対応の必要性が述べられています。

このように、保育所は保育所に通う子どもとその保護者だけでなく、地域の子育てを支援するものとして位置づけられていることがわかります。そのような支援は、保育所だけで完結するものではなく、関係するさまざまな機関と協力・連携しながら進めていく必要があります。

2）保育所の社会的責任

保育所は、目の前の子どもに対する責任だけでなく、地域や社会にとって責任をもつものです。保育所保育指針第1章の1(5)では、保育所の社会的責任として次の3つの事項が挙げられています。

- 保育所は、子どもの人権に十分配慮するとともに、子ども一人一人の人格を尊重して保育を行わなければならない。
- 保育所は、地域社会との交流や連携を図り、保護者や地域社会に、当該保育所が行う保育の内容を適切に説明するよう努めなければならない。
- 保育所は、入所する子ども等の個人情報を適切に取り扱うとともに、保護者の苦情などに対し、その解決を図るよう努めなければならない。

先にも述べた通り、保育では「子どもの最善の利益」が考慮されねばなりません。子どもは弱くて未熟な存在ではなく、1人ひとりが権利をもった主体です。日常の保育のなかで、そのことを見失うことなく、子どもたちを1人の人間として尊重することが求められています。このことは、言葉にすると簡単に思えるかもしれませんが、実際には難しい問題でもあります。子どもの人権を尊重する保

育とはどのようなものなのかと常に問い続けることが保育者にとって重要であるといえるでしょう。

　また、子育て支援においても求められていたように、地域社会との連携や交流なども求められています。近年は園庭を開放して地域の子育て支援の場としたり、地域の小中学生の職業体験の受け入れ、地域の商店街や高齢者施設との交流したりなど、さまざまな取り組みがなされています。このような取り組みを通して保育所という場を地域の方に知ってもらうことも大切です。地域社会全体のなかでの保育所の役割も、重要性を増しているといえるでしょう。

　最後に、保育所は、子どもや家庭についての個人情報を取り扱う立場にありますが、その扱いを適切に行うことが求められています。保護者からの苦情解決も保育所の責任とされており、保護者との信頼関係を基盤として、ともにより良い保育をつくっていく姿勢をもつことが重要であるといえます。

3　保育の場のひろがり

(1) さまざまな保育の場

　この章の冒頭で、保育という言葉からイメージするものを書き出すワークを行いました。みなさんは、そこでどのような「保育の場」を想像したでしょうか。ここでは、さまざまな保育の場についてみていきたいと思います。

　すでに述べたように、保育という言葉は、広い意味では家庭での保育（養育）を含んでいます。ここでは、家庭保育以外にどのような保育の場があるのか――すなわち、保育を行う施設にはどのようなものがあるのか――ということを考えます。

　乳幼児期の保育を行う施設としてまず挙げられるのは、保育所、幼稚園、認定こども園でしょう。保育所は「保育を必要とする」乳幼児を保育する児童福祉施設であるのに対して、幼稚園は幼児の保育を行う学校です。このように幼児を対象とする保育は、保育所と幼稚園とに二元化していますが、2006年に創設された認定こども園は、保育所と幼稚園の機能を一体的に提供するものです。

表 1-1　保育所・幼稚園・認定こども園の目的と対象

名　称	目　的	対象年齢
保育所	保育を必要とする乳児・幼児を日々保護者の下から通わせて保育を行うこと（児童福祉法第39条）	0〜5歳
幼稚園	義務教育及びその後の教育の基礎を培うものとして、幼児を保育し、幼児の健やかな成長のために適当な環境を与えて、その心身の発達を助長すること（学校教育法第22条）	3〜5歳
幼保連携型認定こども園	義務教育及びその後の教育の基礎を培うものとしての満3歳以上の子どもに対する教育並びに保育を必要とする子どもに対する保育を一体的に行い、これらの子どもの健やかな成長が図られるよう適当な環境を与えて、その心身の発達を助長するとともに、保護者に対する子育ての支援を行うこと（「就学前の子どもに関する教育、保育等の総合的な提供の推進に関する法律」第2条第7項）	0〜5歳

それ以外の保育の場として挙げられるのは、乳児院や児童養護施設などです。保育に携わる専門職である保育士は、「児童の保育及び児童の保護者に対する保育に関する指導を行うことを業とする者」（児童福祉法第18条の4）であるとされています。したがって、乳児院や児童養護施設などの保育士が働く児童福祉施設は、保育の場として捉えることができます。また児童福祉法第4条において、「児童」とは「満18歳に満たない者」とされていますから、保育士が行う保育の対象は、乳幼児に限られないということになります。このような観点からすれば、学童保育（放課後児童クラブ）なども保育の場であるといえるでしょう。

このように、保育は保育所や幼稚園だけで行われるのではなく、子どもの育ちにかかわるさまざまな施設で行われていることがわかります。また、保育の対象となるのは、乳幼児期から児童期までの幅広い年齢段階の子どもです。保育は、そのような広がりをもつものであると理解する視点が重要です。

(2) 多様化する保育ニーズと保育の場の広がり

近年、保育に対するニーズは多様化しています。その背景には、親の働き方や生活様式、家族形態の変化などがあります。ここでは、そのような保育ニーズの多様化にともなって広がりをみせている保育の場についてみていきます。

2015年からスタートした子ども・子育て支援新制度では、少子化や待機児童問題などの子どもの育ちにかかわる問題への対応として、保育の場を拡大することが目指されました。具体的には、幼稚園、保育所、認定こども園に加えて、「地域型保育」が創設されました。

1）地域型保育とは

地域型保育とは、保育所（原則20人以上）よりも少人数の単位で行われる保育のことで、0～2歳の子どもを対象としています。地域型保育には、「家庭的保育（保育ママ）」、「小規模保育」、「事業所内保育」、「居宅訪問型保育」の4つのタイプがあります。

このように、地域型保育は、0～2歳の乳児を対象とした保育を通常の保育所よりも少人数で行うものです。家庭的保育では、家庭

的保育者の自宅の居室等を保育室にして保育を行うことができます。そのため、家庭的雰囲気のなかでのきめ細かいケアが可能になる一方で、保育の様子が周囲からみえにくくなる閉鎖性の問題も指摘されています。また、小規模保育は、認可保育所の分園型や家庭的保育者※のグループ型などの設置形態があり、地域の保育ニーズへの柔軟な対応が期待される反面、職員に必ずしも保育士資格が求められないことから、保育の質についての課題も指摘されています。さらに、地域型保育には会社の事業所内や保護者の自宅で行われる保育も含められており、より多様なニーズに対応した保育の場が広がっています※。現在、乳児の待機児童問題が深刻化していることから、これらの小規模な保育によって、その解消が目指されているといえるでしょう。

補足

家庭的保育者

家庭的保育者は、保育士が基本とされているが、市町村が指定する研修を受ければ、保育士資格をもたなくても保育者として働くことが可能である。

表1-2 地域型保育の4つのタイプ

名　称	内　容
家庭的保育（保育ママ）	少人数（5人以下）を対象に家庭的な雰囲気のもとで行われる
小規模保育	少人数（6-19人）を対象に家庭的保育に近い雰囲気で行われる
事業所内保育	会社の事業所の保育施設などで、従業員の子どもと地域の子どもを一緒に保育する
居宅訪問型保育	保護者の自宅で1対1で行われる（障害・疾患などで個別のケアが必要な場合や施設がなくなった地域で保育を維持する必要がある場合など）

（出典：「子ども子育て支援新制度なるほどBOOK」内閣府をもとに作成）

2）さまざまな保育の形態

また、上記のような保育の場の広がりに加えて、新制度では「地域の子育て支援の充実」として、利用者支援、地域子育て支援拠点、一時預かり、ファミリー・サポート・センター、子育て短期支援、病児保育、放課後児童クラブ、乳児家庭全戸訪問、養育支援訪問、妊婦健康診査を充実させることが目指されています（詳しくは、第2章を参照）。

補足

多様な保育の場

例として、企業主導型保育事業の取り組みも始まっている。この事業は企業が自社の社員や地域の保護者に向けた保育施設を開設することを助成するもので、内閣府によって進められている。複数の企業が合同で保育園を設置したり、社員の働き方に応じた多様な保育サービスの提供が可能になるといったメリットが挙げられている。

このなかにも挙げられているように、病気の子どもを保育する病児保育に対するニーズは、近年高まりをみせています。また、保育所では通常の開所時間（11時間）の前後に行われる早朝保育や延長保育も広がっています。このような動きは幼稚園でもみられ、「預かり保育」という形で通常の保育時間後の保育が行われています。また、休日の保育や夜間保育を行っている園もみられます。

このように、さまざまな保育ニーズへの対応として、子どもが育つ保育の場は多様化していることがわかります。新制度のもとで、保育の場は量的に拡大していますが、それと同時に保育の質を確保すること、向上させることが課題となっています。新制度では、支援の質を向上させるための方策の一例として、保育者の処遇の改善が挙げられていますが、保育の質向上のためには、それに加えて、子どもと保育者の関わりやカリキュラム、園の環境や条件など、より広い視野からの検討が求められるでしょう。

(3) 保育の場で子どもが育つことの意味

ここまで、保育の場は多様にあること、また近年では新制度のもとで保育の場が拡大していることをみてきました。子どもを産み育てやすい社会にすることを目指して、さまざまな保育ニーズに対応するための保育の場が作り出されています。

このような社会の動きを、子どもの視点から考えてみると何がみえてくるでしょうか。幼いときから、家庭から離れた場で育つ子どもが増えることには、「かわいそう」という声もしばしば聞かれます。子どもが家庭だけでなく、社会的な保育の場で育つことには、一体どのような意味があるのでしょうか。

子どもの養育や保育が家庭外の場で行われることを、子育てや保育の社会化と呼びます。すなわち、子育てを家庭のみの責任にするのではなく、社会全体で担おうという考え方です。このような考え方によれば、保育の場の広がりは、親を支援するという意味合いだけでなく、子どもたちが豊かに育つための「社会」をつくり出すことにつながっていなければなりません。

保育の場で、子どもたちは日々驚くほどに変容し、成長していき

ます。その成長には、保育者や友だち、子どもを取り巻く環境や生活のなかでの経験など、多様なものがかかわっています。保育の在り方を考えるとき、このような子どもの成長を豊かにするとはどういうことか、1人ひとりの子どもが自分らしく生きるための基盤を作るためには何が必要なのか、ということを常に問い続けることが重要です。すなわち、社会で子どもを育てることは、親にとってだけでなく、子どもにとって重要な意味をもつように、これからの保育を展望していくことが求められるでしょう。

ワーク

1章での学びを通して、もう一度「保育」という言葉からイメージするものを書き出してみましょう。その後、はじめに行ったワークと比べて、変化した点、共通している点などを振り返ってみてください。

（中西さやか）

確認テスト

問題1

「保育」という概念と理念について、正しいものをすべて選び、記号で答えなさい。

　ア　保育という言葉は、保育所の保育を表すものとして初めて使われたものである。
　イ　学校教育法第22条では、幼稚園の目的について「義務教育及びその後の教育の基礎を培うものとして、幼児を保育し、幼児の健やかな成長のために適当な環境を与えて、その心身の発達を助長すること」と定められている。
　ウ　乳幼児期の保育を表す英語には、Early Childhood Care and Education（ECCE）あるいは Early Childhood Education and Care（ECEC）がある。
　エ　保育所保育指針では、「保育所の保育は、子どもが現在を最も良く生き、望ましい未来をつくり出す力の基礎を培う」ことが目指されている。

答え＿＿＿＿＿＿＿＿＿＿＿＿＿＿＿

問題2

次の「保育所保育指針」の文章の空欄を埋めなさい。

　保育所は、児童福祉法第39条の規定に基づき、（　　　　　　）を必要とする子どもの保育を行い、その健全な心身の発達を図ることを目的とする（　　　　　　）であり、入所する（　　　　　　）を考慮し、その福祉を積極的に増進することに最もふさわしい（　　　　　　）でなければならない。

問題3

以下は、地域型保育の4つのタイプを示した表である。空欄を埋めなさい。

名　称	内　容
家庭的保育（保育ママ）	少人数（5人以下）を対象に（　　　　　　）のもとで行われる
（　　　　　　）	少人数（6-19人）を対象に家庭的保育に近い雰囲気で行われる
事業所内保育	会社の事業所の保育施設などで、（　　　　　　）の子どもと地域の子どもを一緒に保育する
（　　　　　　）	保護者の自宅で1対1で行われる（障害・疾患などで個別のケアが必要な場合や施設がなくなった地域で保育を維持する必要がある場合など）

2章 保育の制度

POINT
- 保育所や幼稚園で行われる保育は、法律に基づいて行われている。
- 「子ども・子育て支援新制度」により、幼保連携型認定こども園という施設が新たに誕生した。
- 保育所、幼稚園、認定こども園以外にも、地域における子育て支援を担う事業や制度が存在する。

1 保育に関わる制度と法令のしくみ

(1) 保育の基本的な法制度

現在わが国には、集団的保育を行う施設として、幼稚園・保育所・認定こども園があります。2012（平成24）年に成立した子ども・子育て関連3法に基づき2015（平成27）年度より施行されている、いわゆる子ども・子育て支援新制度においては、家庭的保育、小規模保育等の「地域型保育」という枠組みが成立したため、保育の場はさらに広がりをみせています（第1章3節）。上記のあらゆる場で行われる保育は、保育について定めてあるさまざまな法令や規則によって規定されています。そしてそれらの法令や規則は、日本国憲法や教育基本法など、国の根幹を定める法の下に位置付けられています。

1) 日本国憲法（1946年公布）

「国民主権」「基本的人権の尊重」「平和主義」の3つの項目が基本原則として定められています。日本における保育は、この3原則に表される憲法の理念を遵守して行われなければなりません。

教育・保育について特に重要なのは、第26条です。第26条第1項には、教育を受ける権利が国民の基本的人権として明記されています。また、教育における機会均等の原則が明示されています。第2項では、子どもの教育を受ける権利を保障するため、保護者に対する義務と、制度としての義務教育の無償を定め、国の責任を規定

しています。

2）教育基本法（1947年制定）

日本国憲法第26条には、「法律の定めるところにより」という文言があります。ところが、憲法公布時点では、そのような法律は存在しませんでした。つまりこれは、日本の教育を規定するにあたっての理念は、憲法の文言に加えてさらに詳細かつ綿密な規定が必要であることを示しています。

そこで制定されたのが、教育基本法です。前記の経緯を踏まえ、極めて重要な法律であるという認識から、法律制定の主旨を明らかにするために前文が置かれていることが特徴です。同法は2006年に一度改正されており、その際に前文の文言も変更されています。制定時の理念を継承しつつも、これからのわが国の未来を切り拓く教育理念として、公共の精神の尊重、豊かな人間性と創造性を備えた人間性の育成、伝統の継承などが掲げられています。

第1条では「教育の目的」、第3条では「生涯学習の理念」、第10条では「学校教育」、第13条では「学校、家庭、及び地域住民等の相互の連携協力」について規定されています。なかでももっとも重要なのが、第11条「幼児期の教育」についての規定です。「教育」という言葉が用いられていますが、保育所における保育も「幼児期の教育」に該当します。そのため、教育基本法に示される理念と規定に従って保育を行う必要があります。

3）学校教育法（1947年制定）

幼稚園の仕組みの根拠となるのが、学校教育法です。1947（昭和22）年に教育基本法と共に公布・施行されました。幼稚園は、同法第1条に規定される学校のひとつです。第3章に、幼稚園についての計7つの条文規定があります。第22条では幼稚園の目的、第23条では幼稚園における教育の目標、第24条では家庭及び地域における支援、第25条では教育課程、第26条では対象児の年齢、第27条では教諭についての規定がなされています。

同法の下位法として、学校教育法施行規則があります。第36条では、幼稚園の設備、編成、設置に関する事項については「幼稚園設置基準」によるものとされています。また第38条では、幼稚園

補足

学校教育法

学校教育法の施行に伴い、従来の勅令である諸学校令など、戦前の教育制度は廃止されることとなった。

の教育課程や保育内容の基準として、文部科学大臣が公示する「幼稚園教育要領」によるものとすることが定められています。

4）幼稚園教育要領

学校教育法施行規則に定められた通りに、幼稚園では幼稚園教育要領に基づいて教育と保育を実践していきます。第1章「総則」では、幼稚園教育の基本や教育課程の編成について定められています。2017年の改正においては、幼稚園教育の基本として、幼稚園教育において育みたい資質・能力及び「幼児期の終わりまでに育ってほしい姿」が示されました。第2章「ねらい及び内容」では、「5領域」を中心とする具体的な保育内容や活動が、第3章では指導計画上の留意事項や預かり保育について定められています。

5）児童福祉法（1947年制定）

保育所の仕組みの根拠となるのが、児童福祉法です。保育所は、児童福祉の理念（第1条～第3条）のもとに設置される児童福祉施設です（第7条）。児童福祉の対象となる児童※は、「満18歳に満たない者」と定義されています。その目的は、「保育を必要とする乳児・幼児を日々保護者の下から通わせて保育を行うこと」とされています（第39条）。「保育を必要とする」ということの詳細については、2節で説明します。

同法の下位法として、児童福祉施設の設備及び運営に関する基準（旧児童福祉施設最低基準）があります。第35条には「保育の内容」として、「保育所における保育は、養護および教育を一体的に行うことをその特性とし、その内容については、厚生労働大臣が定める指針に従う」と定められています。ここで示されている「指針」が、保育所保育指針です。

6）保育所保育指針

保育所保育指針は、「保育所における保育の内容に関する事項及びこれに関連する運営に関する事項を定めるもの」です。第1章「総則」では、「各保育所は、この指針において規定される保育の内容に係る基本原則に関する事項等を踏まえ、各保育所の実情に応じて創意工夫を図り、保育所の機能及び質の向上に努めなければならない」とされています。

補足

児童
児童は以下のように分けられている。
乳児：満1歳に満たない者
幼児：満1歳から小学校就学の始期に達するまでの者
少年：小学校就学の始期から満18歳に達するまでの者

保育所保育指針が幼稚園教育要領の改正と歩調を合わせて改訂されてきたという経緯があるため（第7章参照）、「5領域」や「幼児期の終わりまでに育ってほしい姿」など、共通する部分も多くあります。

(2) 子ども・子育て支援新制度

　前項で確認したように、従来の保育制度は幼稚園・保育所（・認定こども園）それぞれに独立していました。しかし、社会の少子高齢化、働き方や子育ての多様化という社会的変化を背景として、より柔軟な保育制度への変容が求められるようになります。そこで、2015年より、幼児期の学校教育・保育、地域の子ども・子育て支援を総合的に推進することを目的として、「子ども・子育て支援新制度」がスタートしました。

　この制度は、2012年に可決・成立した「子ども・子育て関連3法」に基づいています。具体的には、「子ども・子育て支援法」、「認定こども園法の一部改正」、「子ども・子育て支援法および認定こども園法の一部改正法の施行に伴う関係法律の整備等に関する法律」といいます。それぞれは独立した法律ではありますが、成立の過程※を踏まえると、「関連3法」という一体に基づくひとつの制度として捉えるのが適切です。以下が、「子ども・子育て支援新制度」の主なポイントとなります。

① 認定こども園・幼稚園・保育所を通じた共通の給付（「施設型給付」）及び小規模保育等への給付（「地域型給付」）の創設　小規模保育等の実態については、第1章3節を参照。
② 認定こども園制度の改善（幼保連携型認定こども園の改善等）
③ 地域の実情に応じた子ども・子育て支援（利用者支援、地域子育て支援拠点、放課後児童クラブなどの「地域子ども・子育て支援事業」）の充実
④ 基礎自治体（市町村）が実施主体
⑤ 社会全体による費用負担
　　この制度は、将来的な消費税率の引き上げによる、国及び地

補足

関連3法の成立過程

　国会に提出された法案の段階では、「子ども・子育て支援法案」、「総合こども園法案」、「子ども・子育て支援法及び総合こども園法の施行に伴う関係法律の整備等に関する法律案」とされていた。議員修正により「総合こども園法案」が廃案となり、「認定こども園法の一部を改正する法律案」が提案され、現在の「関連3法」として成立した。

方の財源確保を前提として実施されています。
⑥　政府の推進体制
　　内閣府に「子ども・子育て本部」が設置され、子育て支援に関する推進体制が整備されました。内閣府特命担当大臣（少子化対策担当）が本部長を努め、厚生労働省や文部科学省との総合調整を図っています。
⑦　子ども・子育て会議の設置
　　有識者、地方公共団体、事業主代表・労働者代表、子育て当事者、子育て支援当事者等（子ども・子育て支援に関する事業に従事する者）が、子育て支援の政策に参画・関与できる仕組みです。

（内閣府HP「制度の概要―子ども・子育て支援新制度」(http://www8.cao.go.jp/shoushi/shinseido/outline/index.html) を参照。）

　2節では、②認定こども園制度の改善によって、保育所・幼稚園・認定こども園がどのように性格分けされるようになったのかについて説明します。3節では、③「地域子ども・子育て支援事業」の概要と、具体的にどのような個別事業が展開されているかをみていきます。

2 保育所・幼稚園・認定こども園の違い

(1) 制度としての違い

現代において保育を行う学校・施設としては、大きく分けて保育所・幼稚園・幼保連携型認定こども園の3つがあります。前節では、保育所・幼稚園・認定こども園を成り立たせている法律としてどのようなものがあるのかを確認しました。

この3つは具体的にどのように異なるのでしょうか。表2-1は、前節で確認した法制度に規定されている内容を、比較・整理したものです。

表2-1 「保育所制度と幼稚園制度の比較」

	保育所	幼稚園
社会的役割	児童福祉施設	学校
管轄	厚生労働省	文部科学省
根拠法令	児童福祉法	学校教育法
対象児	保育を必要とする乳幼児その他の児童	満3歳から就学前の幼児
開設日数	約300日程度	39週以上
保育時間	8時間	4時間
配置基準	保育士1名につき、 0歳児（乳児）：3人 1・2歳児：6人 3歳児：20人 4・5歳児：30人	1学級につき、幼児35人以下 各学級につき、1人の専任教諭
設置の認可	都道府県知事	都道府県の教育委員会
保育内容の基準	保育所保育指針	幼稚園教育要領

同じ保育を行う場でありながらも、社会的役割から保育内容の基準まで、異なる制度のもとに運用されていることがわかります。

さて、認定こども園についても説明しておきましょう。認定こども園は、2006年に施行された**認定こども園法**によって始まったものです。幼稚園と保育所の長所を活かし、就学前の子どもの支援を一体的に提供する施設として創設されました。認定こども園は、次の4類型に分かれています。

表 2-2 「認定こども園の類型」

類型	内　容
幼保連携型	幼稚園と保育所の認可をもつ。
幼稚園型	幼稚園が保育所の機能をもつ。
保育所型	保育所が教育目標を達成するための保育を行う。
地方裁量型	幼稚園、保育所いずれの認可ももたない認可外保育施設が教育目標を達成するための保育を行う。

■ワーク

　表 2-1 には、保育所と幼稚園との制度が比較されています。これにならって、幼保連携型認定こども園の制度を自分で整理してみましょう。「子ども・子育て関連 3 法」に加えて、「幼保連携型認定こども園の学級の編制、職員、設備及び運営に関する基準」を参照してください。

(2) 制度の現状

　ここまでは、法制度としての違いをみてきました。しかし、そうした制度が実際にどのように運営され、利用されているかという実態を知ることも重要です。本節では、統計データをもとに、幼稚園、保育所、幼保連携型認定こども園の実態を把握していきましょう。

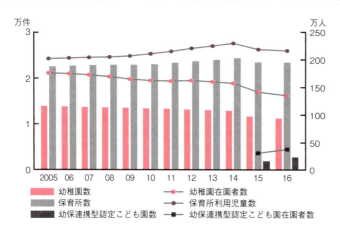

（出典：内閣府『平成 29 年版子供・若者白書』）

図 2-1　施設数・園児数

図2-1は、幼稚園の在園者数と、保育所の利用児童数がここ約10年の間にどのように変化してきたのかを表しています。幼稚園の在園者数・幼稚園数ともに長期的にみて減少傾向にあることがわかります。

さらに過去に遡ると、在園者数は1978年に249万人、幼稚園数は1985年に1万5000園で戦後最高の数字を示しています。最新データの2017年は在園者数が127万人、幼稚園数が1万園です。全盛から比べて幼稚園に通う子どもの人数はおおよそ半減しているということになります。その一方で、保育所の利用児童数は増加傾向にあります。利用児童数は2006年には200万人に達し、保育所数も2万園を超えています。近年は少子化の影響を受けつつあるものの、幼稚園と比べて多くの利用者が存在することがわかります。

図2-2は、小学校および義務教育学校第1学年児童数に対する幼稚園・幼保連携型認定こども園修了者の比率を示しています。1970年代には60％をこえる児童が幼稚園修了者でしたが、現在は50％を割るまでに減少しています。

こうした変化の背景には、「子ども・子育て支援新制度」で指摘されていたとおりに、働き方や子育ての多様化という社会的変化が考えられます。日本女性の育児休業取得率は80％を超える一方で、男性の取得率は10％にも届きません。また、育児休業が取得できたとしても、「1歳6ヶ月まで（法定どおり）」が最も多く、それ以上の期間の育児休業を取得することはたいへん困難です（以

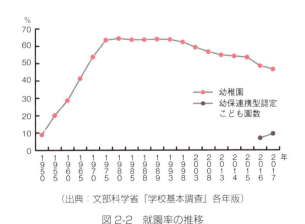

（出典：文部科学省『学校基本調査』各年版）

図2-2　就園率の推移

補足
義務教育学校

学校教育法に定められた学校のひとつである。小学校課程と中学校課程にいたる義務教育を一貫して行う学校である。なお、小中一貫教育は「小中一貫型小学校・中学校」でも行われているが、これは組織上独立した小学校及び中学校が一貫した教育を施す形態である。

補足
育児休業

育児休業は、「育児休業、介護休業等育児又は家族介護を行う労働者の福祉に関する法律」（育児・介護休業法）に規定される、労働者の権利のひとつである。2017年10月に施行された改正では、1歳6ヶ月以後も、保育所等に入れない等の場合には、育児休業期間を最長2年まで延長することが可能となった。

上、厚生労働省「雇用均等基本調査」参照)。

　このような状況のなかで、より保育時間の長い保育所に魅力を感じる保護者が多くなっていることは、想像に難くありません。

　そこで幼稚園でも、標準の教育時間を超えて子どもを預かっていてほしいという保護者の要望に応えるべく行われているのが、通称「預かり保育」という制度です。保護者の希望に応じて、4時間を標準とする幼稚園の教育時間の前後や土曜・日曜日、長期休業期間中に行われる、幼稚園の教育活動です。2000（平成12）年に施行された幼稚園教育要領から正式に位置づけられるようになり、「教育課程に係る教育時間の終了後等に行う教育活動」と記載されています。

　図2-3は、預かり保育実施率の約20年にわたる推移を示しています。幼稚園教育要領改正前の1997（平成9）年の実施率は約30％でしたが、現在では80％をこえる園で預かり保育が実施されています。平日週あたりの平均実施日数は5日が最も多く、土曜日に実施する園も増えてきていることが報告されています。

　したがって、法制度とその利用・運営実態とを合わせて、保育所と幼稚園との垣根が次第に低くなってきていることがわかります。完全な「幼保一元化」に向けては未だ残された課題が多いことも事実ですが、利用者の要望と子育て支援を第1に考えた運用が求められていることは間違いありません。

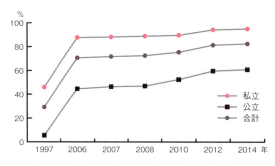

（出典：文部科学省『平成26年度幼児教育実態調査』）

図2-3　預かり保育の実施率

(3) 保育の必要性の認定

「子ども・子育て支援新制度」は、利用者の視点に立ってこれまでの子育て支援体制を一新しようとするものです。しかし結果として、幼保連携型認定こども園という新たな保育の場を創設することとなり、利用者からすれば「どれを利用したらいいか」「うちの子はどこに通えるか」ということがややわかりにくくなっています。

これまで児童福祉法においては、「保育に欠ける」児童が保育所へ入所できる、という規定になっていました。新制度では、保育の必要量に応じて保育を受けることができるようになっています。

具体的には、表2-3のいずれかの「保育を必要とする事由」に該当する場合、保育の必要性があると認定されます※。

表2-3 保育を必要とする事由

①	就労（フルタイム、パートタイム、夜間など基本的にすべての就労に対応）
②	妊娠、出産
③	保護者の疾病、障害
④	同居又は長期入院等している親族の介護・看護
⑤	災害復旧
⑥	求職活動（起業準備を含む）
⑦	就学（職業訓練校等における職業訓練を含む）
⑧	虐待やDVのおそれがあること
⑨	育児休業取得時に、既に保育を利用している子どもがいて継続利用が必要であること
⑩	その他、上記に類する状態として市町村が認める場合

補足

「保育を必要とする事由」

これに該当しない場合を1号認定、該当する3～5歳を2号認定、0～2歳を3号認定として区別している。

以上の事由に該当する場合、保育所・認定こども園（・地域型保育）において保育を受けることができます。さらに、その保育を必要とする事由や保護者の状況に応じて、保育の必要量※が認定されます。

「保育標準時間」認定：最大利用可能時間1日11時間

「保育短時間」認定：最大利用可能時間1日8時間

実際には仔細な規定・運用は市町村に委ねられていますが、保護者の実態に合わせた柔軟な保育サービスを提供することができる制度となっています。

補足

保育の必要量

「保育標準時間」はフルタイム就労が、「保育短時間」ではパートタイム就労が想定された利用時間となっている。

3 子育て支援に関わる制度

(1) 地域子ども・子育て支援事業

　「子ども・子育て支援新制度」に関わって新たに成立した制度のひとつとして、「地域子ども・子育て支援事業」があります。子ども・子育て支援法第59条に基づいて行われる事業で、すべての子育て家庭を対象に、地域のニーズに応じたさまざまな子育て支援を充実させるために始まりました。以下の13の個別事業によって構成されています。

　① 利用者支援事業
　② 地域子育て支援拠点事業
　③ 妊婦健康診査
　④ 乳児家庭全戸訪問事業
　⑤ 養育支援訪問事業
　⑥ 子育て短期支援事業
　⑦ 子育て援助活動支援事業（ファミリー・サポート・センター事業）
　⑧ 一時預かり事業
　⑨ 延長保育事業
　⑩ 病児保育事業
　⑪ 放課後児童健全育成事業（放課後児童クラブ）
　⑫ 実費徴収に係る補足給付を行う事業
　⑬ 多様な主体が本制度に参入することを促進するための事業

　なかでも注目されているのが、「利用者支援事業」です。子育て家庭や妊産婦の不安や悩みに対応して、幼稚園・保育所等の施設や、地域の子育て支援事業から必要な支援を選択して利用できるように、情報の提供や支援の紹介などを行う事業です。具体的には、地域子育て支援拠点や行政窓口等に利用者支援専門員を配置することになっています。地域型保育など「子ども・子育て支援新制度」によって広がりをみせる子育てサービスを、利用者の視点に立って円滑に利用してもらえるように設計されています。

(2) 児童家庭福祉に関わる制度

　保育所や幼稚園などの施設・学校、あるいは「地域子ども・子育て支援事業」等は、直接的に子育てを支援することを目的とした制度です。それ以外にも、児童福祉法に示された児童福祉の理念を守ることを直接的・間接的に助けることで、子どもの健全な成長に寄与するための制度もあります。その一例として、児童虐待に関わる制度・仕組みをみてみましょう。

　まず、児童虐待について確認しておきましょう。2000（平成12）年に制定された「児童虐待の防止等に関する法律」（児童虐待防止法）第2条では、児童虐待が以下のように定義されています。

　この法律において、「児童虐待」とは、保護者（親権を行う者、未成年後見人その他の者で、児童を現に監護するものをいう。以下同じ）がその監護する児童（18歳に満たない者をいう。以下同じ）について行う次に掲げる行為をいう。
　一　児童の身体に外傷が生じ、又は生じるおそれのある暴行を加えること。
　二　児童にわいせつな行為をすること又は児童をしてわいせつな行為をさせること。
　三　児童の心身の正常な発達を妨げるような著しい減食又は長時間の放置、保護者以外の同居人による前二号又は次号に掲げる行為と同様の行為の放置その他の保護者としての監護を著しく怠ること。
　四　児童に対する著しい暴言又は著しく拒絶的な対応、児童が同居する家庭における配偶者に対する暴力（配偶者（婚姻の届出をしていないが、事実上婚姻関係と同様の事情にある者を含む。）の身体に対する不法な攻撃であって生命又は身体に危害を及ぼすもの及びこれに準ずる心身に有害な影響を及ぼす言動をいう。）その他の児童に著しい心理的外傷を与える言動を行うこと。

　この定義を受け、厚生労働省は児童虐待を、「身体的虐待」、「性

的虐待」、「ネグレクト」、「心理的虐待」の４つに分類しています(1)。「身体的虐待」は外傷を生じる行為や、意図的に病気にさせることなどを、「性的虐待」は子どもへの性的行為や、子どもをポルノグラフィーの被写体にすることなどを指します。「ネグレクト」は育児放棄とも呼ばれ、子どもの健康・安全への配慮を怠る行為を、「心理的虐待」は子どもの心や自尊心を傷つける行為を指します。

では、実際に児童虐待はどの程度発生しているのでしょうか。図2-4 は、全国の児童相談所が対応した児童虐待に関する相談件数を示しています。1991（平成 3）年には 1,101 件でしたが、2016（平成 28）年には 122,578 件と激増しています。

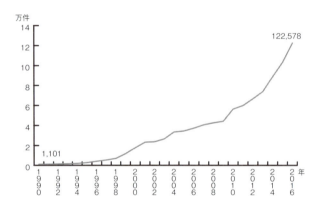

（出典：厚生労働省「平成 28 年度　児童相談所での児童虐待相談対応件数（速報値）」）
図 2-4　虐待相談対応件数

図 2-5 は、虐待相談件数を上記の４分類に基づいて内容別にみたものです。従来児童虐待として最も多かったのは、「ネグレクト」あるいは「身体的虐待」でした。しかし近年最も増加しているのが、「心理的虐待」であることがわかります。

心理的虐待を受けた児童の自立を図るためには、トラウマへの対応など精神的なケアが重要となってきます。乳児院、母子生活支援施設、児童養護施設、児童自立支援施設には心理療法担当職員が、乳児院、児童養護施設、情緒障害児短期治療施設には家庭支援専門相談員と個別対応職員が配置されることが規定されています。（2011 年の「児童福祉施設最低基準」〈現：「児童福祉施設の設備及び運営に関する基準」〉の改正から）。

(1)　厚生労働省「子ども虐待対応の手引き」

補　足

保育に関わる福祉施設

乳児院とは生活環境上の理由により家庭で適切な養護を受けることができない乳児の養育を行う施設である。

母子生活支援施設とは配偶者のない女子またはこれに準ずる事情にある女子およびその児童を保護し、生活を支援し自立を促す施設である。

児童養護施設とは保護者のない児童、虐待されている児童等を入所させて擁護し、自立を支援する施設である。

児童自立支援施設とは不良行為を行った児童や生活指導が必要な児童を入所・通所させ、必要な指導を行い自立を支援する施設である。

2章　保育の制度

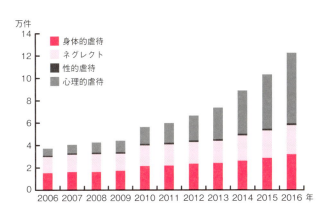

（出典：厚生労働省「子ども虐待対応の手引き」）
図 2-5　児童相談所での虐待相談の内容別件数の推移

　心理的虐待に限らず、児童虐待に対しては適切かつ迅速な対応が必要となります。そのための児童虐待対応の仕組みをみてみましょう。

　児童虐待対応はまず、一般市民、あるいは関係機関等から虐待の通告（連絡）がなされます。児童委員が通告を仲介することもあります。その通告を受けた児童相談所は、通告内容について受理会議

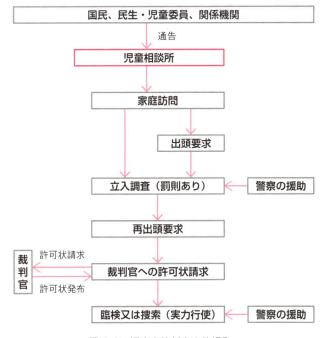

図 2-6　児童虐待対応の仕組み

を行い、必要な場合には家庭訪問等を通じた子どもと家族についての調査を行います。

調査に協力的な場合は任意での調査となります。しかし調査に拒否的なこともあれば、あるいは一刻を争う事態であることも想定されます。そうした緊急に対応が必要な場合には、立入調査が行われることもあります。また必要に応じて、子どもを保護者から分離して、一時保護を行うこともあります。そのため立入調査にあたっては、警察からの援助を受ける場合もあります。

調査の結果をもとに判定を行い、処遇が決定されます。処遇には措置による指導と措置によらない指導があります。措置による指導として、在宅による保護者指導、児童福祉施設入所、里親委託、親権喪失宣言請求、その他関連機関における指導などがあります。措置によらない指導とは、複雑困難な事情を抱える子どもや保護者を児童相談所に通所させ、継続的にソーシャルワーク、心理療法やカウンセリング等を行うことを指します。あるいは、他の専門機関において医療、指導、訓練等を受けることが望ましい場合には、当該機関へのあっせんを行います。

児童虐待は、保育・教育関係者、医療関係者、福祉関係者など児童福祉に関係のある者が連携して虐待の早期発見に務めなければなりません※。また、虐待を予防するためには、保護者が社会的に孤立しないように、保育所等が地域で子育て家庭を支えていくことが求められます。

(佐々木基裕)

補足

児童虐待防止法第6条
「児童虐待を受けたと思われる児童を発見した者は、速やかに、これを市町村、都道府県の設置する福祉事務所若しくは児童相談所又は児童委員を介して市町村、都道府県の設置する福祉事務所若しくは児童相談所に通告しなければならない。」と規定されている。

確認テスト

問題1

次の文章は、「日本国憲法」の一部です。空欄に当てはまる用語を埋めなさい。

　すべて国民は、法律の定めるところにより、その能力に応じて、（　　　　　）教育を受ける（　　　　　）を有する。

　すべて国民は、法律の定めるところにより、その保護する子女に普通教育を受けさせる（　　　　　）を負ふ。義務教育は、これを（　　　　　）とする。

問題2

「子ども・子育て関連3法」に含まれる法律を3つ選び、記号で答えなさい。

　ア　子ども・子育て支援法および認定こども園法の一部改正法の施行に伴う関係法律の整備等に関する法律
　イ　子ども・子育て支援法
　ウ　幼保連携型認定こども園の学級の編制、職員、設備及び運営に関する基準
　エ　認定こども園法の一部改正法
　オ　総合こども園法

問題3

「地域子ども・子育て支援事業」のひとつである「利用者支援事業」では、子育て家庭や妊産婦のニーズに合わせた情報の提供や支援が目的とされています。保育実践に携わるものの立場から利用者支援としてどのような心がけが必要だと考えるか。自分の意見を140字程度でまとめよ。

……
……
……
……
……
……
……
……

3章 保育の基本原理

POINT
- 保育所の保育は、「養護」と「教育」が一体となって行われる点に特徴がある。
- 保育所の保育は、「環境」を通して行うことが基本である。
- 保育の「環境」には、「人的環境」「物的環境」「自然や社会の事象」がある。
- 「生活」と「遊び」を通した、子どもの主体的な活動や子ども相互の関わりが保育の中心となる。

1　養護と教育の一体性

(1) 養護とは

「保育所保育指針」第1章の2には、「保育における養護※とは、子どもの生命の保持及び情緒の安定を図るために保育士等が行う援助や関わりであり、保育所における保育は、養護及び教育を一体的に行うことをその特性とするものである」という理念が示されています。

保育所は「子どもを預かる場所」というイメージがありますが、保育所はただ単に子どもを預かっているだけではなく、その生活を通してさまざまな経験を子どもたちに保障し、子どもたちの成長を下支えしています。その基本となるのが、「養護」と「教育」であるといえます。

「養護（ケア）」は、子どもたちが安心して毎日を過ごし、成長する場をつくるうえで欠かせない関わりです。「保育所保育指針」第1章の2には、「養護」のねらいとして、「健康で安全に過ごせる」こと、「生理的欲求が、十分に満たされる」こと、「一人一人の子どもが、安定感をもって過ごせる」こと、「一人一人の子どもが、自分の気持ちを安心して表すことができる」ことなどが挙げられていますが、これらの基本的欲求が満たされることで、子どもたちはさらに高次の課題に取り組んでいくための活力を得ることができます。図3-1は、アメリカの心理学者であるA. マズローが示した欲求

補足

養護
「養護」は、子どもの身体と心の安定の基礎となるものであり、子どもの年齢に関わらず必要な働きかけである。特に、「生命の保持」は、体力や抵抗力が十分でない乳児を預かる保育所にとって、常に意識しておくべきものである。

人名

A. マズロー
マズロー (1908-1970)：アメリカの心理学者。人間の自己実現を研究する「人間性心理学」の分野で重要な貢献をした。

階層説を図にしたものとなっています。「養護」の働きかけは、子どもの「生理的欲求」「安全の欲求」「愛と所属の欲求」といった基本的欲求を満たすことに関わっており、子どもの自己承認や、自己実現を支える基礎となっているといえるでしょう。

図3-1 マズローの欲求階層説（ゴーブル（1972）(1) を参考に筆者が作成）

(1) ゴーブル 小口忠彦（訳）『マズローの心理学』産能大学出版部、1972年

(2) 教育とは

「保育所保育指針」第1章の4には、「幼児教育を行う施設として共有すべき事項」として、「知識及び技能の基礎」「思考力、判断力、表現力等の基礎」「学びに向かう力、人間性等」を一体的に育むことが「生涯にわたる生きる力の基礎」を培うことにつながることが示されています。保育所も、幼稚園や認定こども園と同様「教育」を行う施設であり、そこで育つ力は就学以降の子どもたちの成長の基礎となっていきます。ただし、その方法は小学校以降の学校教育と異なり、「生活」と「遊び」を中心として行われます（本章3節参照）。保育者は、幼児期ならではの「生活」や「遊び」のなかでどのような力が育っているかをみとり、そのような育ちを支える環境を構成していくことが必要です。

保育所での教育は「健康」「人間関係」「環境」「言葉」「表現」の5領域(2) から構成されています。幼児教育における「5領域」の考え方は、子どもが生活のなかで体験していることを5つの観点からみてみるという課題の捉え方であり、学校教育のように明確に区切られた「教科」の考え方とは異なることに注意しなければなりません。幼児教育は、「言葉」の時間、「表現」の時間といったように、明確に時間割で区切ることができません。ある生活のひとこまのなかに、5つの領域すべてに関わる経験が生じていることもあるのです。

補足

5領域の捉え方

まず子どもの生活があって、そのなかに領域的な経験内容が表れてくると考えることが重要である。

(2) 矢野智司『幼児理解の現象学』萌文書林、2014年、p.67.

(3) 養護と教育の一体性

ここまで、「養護」と「教育」それぞれについて述べてきました。では、「養護」と「教育」が一体的に行われるとは、具体的にどのようなことを指すのでしょうか。以下の事例とワークを通して、このことを考えてみましょう。

ワーク

事例1

　4歳のAちゃんは野菜が大嫌い。給食で野菜が多いときはいつも泣きそうな顔をして、トマトやキュウリなどの野菜はいつも皿の外によけて残してしまっていました。アカネ先生はその様子に悩んでいたものの、無理やり食べさせることはせず、「少しずつでも食べてみようね」とAちゃんの横で寄り添うように声をかけ続けました。また、アカネ先生はAちゃんに野菜を好きになってほしいという願いから、園庭の畑に夏野菜の種を植え、クラスみんなで育ててみることにしました。

　7月のある日、朝早く登園してきたAちゃんは畑のトマトに黄色い花が咲いていることに気づき、うれしそうにアカネ先生を呼びにきました。その後もAちゃんは、毎朝登園するとすぐに畑に行き、トマトの様子を毎日観察していました。ある日、アカネ先生が「今日のトマトさんはどう？」と声をかけると、Aちゃんは「元気だよ！実がちょっと赤くなってる！」と言った後に、「でも、なんで黄色だった花に緑の実ができて、だんだん赤くなるの？」と聞いてきました。アカネ先生は「不思議だね。先生もわからないけど、信号みたいだね。」と応えると、Aちゃんはニコニコ笑っていました。その日の絵本の時間、アカネ先生は『にんじんとごぼうとだいこん』※(3)という絵本の読みきかせをしました。子どもたちはにんじんが赤い色になった理由に興味をもったようで、野菜の色についてたくさん話をしました。

　その後、大きく育った夏野菜は、クラスみんなで収穫しました。そして、その日の給食の時間、収穫したトマトはAちゃんの嫌いな野菜サラダになって出てきました。Aちゃんははじめ、眉間にし

補足

にんじんとごぼうとだいこん

『にんじんとごぼうとだいこん』は、それぞれの野菜がなぜ今の色になったのかについての言い伝えを絵本にしたものである。野菜の色についての好奇心は、この絵本のような物語的な興味へとつなげることもできるし、科学的な興味へとつなげる（たとえば野菜を使った染色など）こともできる。

(3) 日本民話、和歌山静子（絵）『にんじんとごぼうとだいこん』鈴木出版、1991年

わをよせて、口に入れるのをためらっているようでした。アカネ先生は、「Aちゃんが育てたトマトさんだからきっとおいしいよ」と声をかけると、Aちゃんは思い切った様子でトマトを口のなかにいれました。「すごいね！トマト食べたね！」とアカネ先生が声をかけると、Aちゃんは「…うん。甘くておいしい！」と嬉しそうに笑いました。

　事例1には、「養護」と「教育」が一体となった保育がみてとれます。事例1における「養護」の側面と「教育」の側面にはどのようなものがあるでしょうか。「保育所保育指針　第1章の2」および「保育所保育指針　第2章の3」を参考にしながら記入してみましょう。

　子どもが好き嫌いなく、十分に栄養のある食事をとることができるようにするという保育の場面には、「養護」と「教育」両方が関わっています。たとえば、もしこの場面でアカネ先生が無理やり野菜をAちゃんの口に押し込んでしまったとしたら、それは「養護」としてふさわしい働きかけとはいえないでしょう。アカネ先生は、野菜が食べられないAちゃんの気持ちを理解しながら、Aちゃん自身が野菜に興味をもつよう、「夏野菜を育てる」という保育を計画しました。このようなアカネ先生の保育には、「養護」の働きかけがみてとれるとともに、「健康」や「環境」といった「教育」の5領域※に関わる内容も見てとることができます。そして、Aちゃんの興味が野菜の色へと広がったことで、絵本を通した「言葉」や「表現」に関わる活動も展開されています。当然、野菜をクラスみんなで育てるなかでは、「人間関係」に関わる育ちもみられるでしょう。このように、保育のなかでは、「養護」や「教育」のそれぞれの領域が一体的に展開されているのです。

補　足

教育の5領域
　たとえば「健康」では、「保育士等や友だちと食べることを楽しみ、食べ物への興味や関心をもつ」、「環境」では、「身近な動植物に親しみをもって接し、生命の尊さに気付き、いたわったり、大切にしたりする」といった内容との関連が深い（「保育所保育指針」第2章の3を参照）。

2　環境を通した保育

(1) 保育における「環境」とは

　「保育所保育指針」第 1 章の 1 には、保育の方法として、「子どもが自発的・意欲的に関われるような環境を構成し、子どもの主体的な活動や子ども相互の関わりを大切にすること」が挙げられています。ここで使われている「環境」という言葉の意味について理解することは、保育実践にとって非常に重要です。

　みなさんは、「環境」という言葉を聞くと、まずどのようなイメージが浮かぶでしょうか。「環境問題」や「リサイクル」といったことが思い浮かぶ方が多いかもしれません。もちろんそのような意味での「環境」も保育に関係していますが、「環境を通した保育」というときの「環境」には、子どもにとってより身近なものが多く含まれています。

　「保育所保育指針」第 1 章の 1 では、保育の環境の定義として、「人的環境」「物的環境」「自然や社会の事象」の 3 つが挙げられています。「人的環境」とは、友人や保育者といった子どもの周囲にいるヒトのことを指します。「物的環境」とは、机やイス、遊具といった、多様なモノのことを指しています。「自然や社会の事象」とは、動物、虫、植物などの環境および、四季の行事やイベントなどを指しています。保育はこれらの 3 つの環境を通して行われることが基本になります。

　たとえば、子どもたちの大好きな「三輪車」（物的環境）について考えてみましょう。15 名の 3 歳児が在籍するクラスに、新たに 1 台の「三輪車」がやってきたとします。15 名に対して 1 台しかない三輪車に対して、子どもたちはどのように反応するでしょうか。このようなケースでは、三輪車の取り合いが起こるかもしれません。特に 3 歳児では、15 名に 1 つしかないおもちゃをどのように分けあうか、はじめはうまく対処できないことが予想されます。

　それでは、三輪車が人数分（15 台）あれば問題はすべて解決するのでしょうか。じつは、「環境を通した保育」の観点からみた場合、必ずしも遊具や道具が 1 人につき 1 つあればよいというわけではあ

補　足

環境

　保育で使われる「環境」という言葉は、「環境を通した保育」という保育者の保育方法を指す場合と、子どもの経験内容としての「環境」（教育の 5 領域のひとつ）を指す場合がある。ここでは「環境を通した保育」という保育の方法について主に解説している。

りません。この場合、子どもたちは三輪車という環境を通して、「限られたものを分け合うこと」を学んでいるという側面もあるわけです。はじめは保育者が仲介し、トラブルが起こらないように配慮する必要があるかもしれません。しかし、子どもたちはしだいに「貸し借り」や「順番」ということを覚え、自分たちで三輪車の遊び方を工夫していくことになるでしょう。このように、子どもたちは「環境」を通して、友だちとのかかわり方や、物の扱い方について学んでいく※のです。

補 足

環境からの学び
もちろん、三輪車の数を増やすべきでないということではない。物的環境を、どこに、どれだけ用意するのかについては、子どもたちの年齢や遊びの状況に応じて丁寧に考えていく必要がある。

ワーク

保育園や幼稚園で、子どもにとって身近な物的環境にはどのようなものがありますか。思い浮かぶものをたくさんあげてみましょう。次に、それらの物を3歳児15人のクラスで環境構成する場合、どこに、いくつ、どのように配置するのか、ほかの人の意見も聞きながら議論してみましょう。

(2) 環境の構成と再構成

「保育所保育指針」第1章の1※には、「**子ども自らが環境に関わり、自発的に活動し、さまざまな経験を積んでいくことができるよう配慮すること**」が重要であると述べられています。子どもは、能動的に物や人、自然などと関わることによって、さまざまなことを学んでいきます。そのために保育者は、**計画的に保育の環境を構成する**ことが必要になります。この「環境構成」の重要性を理解するために、以下のワークに取り組んでみましょう。

補 足

環境構成の工夫
「保育所保育指針」第1章の1には、環境構成の工夫として、本文に挙げた事項のほかに、「保育所の保健的環境や安全の確保などに努めること」「子ども自らが周囲の子どもや大人と関わっていくことができる環境を整えること」などが挙げられている。

ワーク

保育園に入園したての子どもが多い4月には、お母さんと離れることが悲しくて泣いてしまう子どもが多くみられます。あなたが新入園児の多いクラスを担当する場合、事前にどのような環境構成の工夫を行いますか?

今まで家庭で特定の保護者との関係を中心に育ってきた子どもた

ちにとって、保育園への入園は大きな緊張と不安を伴う出来事です。とくに新入園児が安心して過ごしていくためには、子どもの「居場所」をつくることが重要であるといわれています。たとえば、以下の写真を見てみましょう。これは幼稚園の年少クラスのロッカーの写真ですが、それぞれのロッカーや、かご、持ち物に子どもの名前とイラストが入ったシールが貼ってあります。特に入園間もない子どもたちにとって、自分の道具の場所がわかることは、自立した生活習慣を身につけるために必要なだけでなく、「自分の場所がある」という安心感を得るためにも重要です。また、家庭とのつながりをつくるというのもひとつの手段になります。たとえば、事前にそれぞれの子どもの家庭での好きな遊びを聞いておき、それらの遊びを活動や環境構成に取り入れたりすることも効果的でしょう(4)。

写真1　ロッカーや持ち物に名札を貼る工夫
(学校法人樟蔭学園　大阪樟蔭女子大学附属幼稚園)

　「保育所保育指針」第1章の1には、環境構成の工夫のひとつとして「温かな親しみとくつろぎの場となるとともに、生き生きと活動できる場となるように配慮すること」が挙げられています。保育者は、子どもが安心できる環境を構成することによって、子どもが能動的に活動することをサポートしていくことができるのです。

　子どもは、安心できる環境を拠点として、さまざまなことに興味を広げ、活動を展開していきます。そして子どもの経験の蓄積や成長にしたがって、子ども自身の興味や活動も変化していきます。ここまで、保育者が計画的に環境を構成することの必要性を述べてきましたが、環境構成は一度行えばそれで終わりといったものではなく、子どもの興味や関心、状況の変化等に応じて柔軟に再構成して

補足

子どもの居場所

「保育所保育指針」第2章の4には、「子どもの入所時の保育に当たっては、できるだけ個別的に対応し、子どもが安定感を得て、次第に保育所の生活になじんでいくようにするとともに、既に入所している子どもに不安や動揺を与えないようにすること」が重要であると示されている。

補足

強い不安を抱える子どもに対して、保育者の愛情表現が大きな支えとなることもある。

(4) 中山美佐・山本一成「家庭に事情のある途中入園の幼児のクラス適応についての事例研究―「好き」という表現に着目して―」『子ども研究』第6号、pp.21-25.

いく必要があります。

　たとえば、以下の写真は幼稚園におけるコーナー保育の様子です。この園では、教室のなかに子どもの興味や関心に応じたいくつかのコーナーをつくり、子どもたちがそれぞれの興味をより深め、少人数で遊びこむ環境構成の工夫がなされています。クラスの担当保育者は、子どもの興味や関心について常にアンテナを張り、これらのコーナーを徐々につくりかえていく工夫を行っているのです。

写真2　「氷」をテーマにしたコーナー
（学校法人今川学園　木の実幼稚園）

写真3　「お店」をテーマにしたコーナー
（学校法人今川学園　木の実幼稚園）

写真4　「転がる」をテーマにしたコーナー
（学校法人今川学園　木の実幼稚園）

> **補足**
>
> **コーナー保育**
> 　コーナーとは、「保育者がある活動を意図したり予想したりしながら、その活動に適した場所に、必要とされる道具や材料などの設定を行い、子どもの生活や遊びなどの拠点となるよう構成した空間」のことであり、このようなコーナーを複数設置する保育のやり方が「コーナー保育」である。
>
> (5)　森上史朗・柏女霊峰編『保育用語辞典』ミネルヴァ書房、2000年、p.106.

それでは、以下のワークを通して、保育者の環境構成にどのような工夫があるか読み取る練習をしてみましょう。

ワーク

　写真5は、秋の制作展に向けて、魚やお寿司屋さんに興味をもった子どもたちの遊びを充実させるための工夫がなされた保育室の様子です。この保育室にはどのような環境構成の工夫を見てとることができますか。

写真5　秋の制作コーナーの様子
（学校法人樟蔭学園　大阪樟蔭女子大学附属幼稚園）

　写真5では、子どもたちのお寿司づくりの活動をさらに展開させるため、どんぐりなどの秋の素材が工作材料として配置されている点に注目できます。また、この保育室には、子どもたちの興味に応じた絵本が置かれています。このように関連する絵本をあえて工作コーナーに置いてみることも、優れた環境構成の工夫であるといえるでしょう。

3 生活と遊びを通しての保育

(1) 幼児期にふさわしい生活

　「保育所保育指針」第1章の1には、保育の方法として「乳幼児期にふさわしい体験が得られるように、生活や遊びを通して総合的に保育すること」が基本であると述べられています。それでは、みなさんは幼児期にふさわしい生活とはどのようなものだと思いますか。ルソーは、「自然は子どもが大人になるまえに子どもであることを望んでいる」と述べています(6)。幼児期の子どもには、その時期でなければできない体験があります。そのような体験が何であるかをよく考え、それを生活と遊びを通して提供していくことが保育の基本※(7)となるのです。

　「保育所保育指針」のねらいや内容をよく読んでみると、子どもが生活と遊びを通して多くの経験を得る保育が目指されているのが理解できます。たとえば、「保育所保育指針」第2章の1には、乳児期にふさわしい生活についての記述があります。乳児期には、「一人一人の生活リズムに応じて、安全な環境の下で十分に午睡をする」「生活や遊びのなかで、自分の身近な人の存在に気付き、親しみの気持ちを表す」「生活や遊びのなかでさまざまなものに触れ、音、形、色、手触りなどに気付き、感覚の働きを豊かにする」ことなどが重要です。この時期には、食事や睡眠といった基本的な生活リズムが確立され、保育者との信頼関係に支えられながら、身の回りの環境を五感を通して探索し、さまざまな経験を重ねていくサポートをすることが重要になります。

　生活のなかで得られる経験は、子どもの育ちにしたがって変化していきます。たとえば、「保育所保育指針」第2章の3に記されている3歳児以上児に関わるねらいや内容は、乳児期のものから大きく変化していることがみてとれます。3歳以上児では、「保育所における生活の仕方を知り、自分たちで生活の場を整えながら見通しをもって行動する」といったように、子どもたち自身の力で生活をつくりだすことが成長につながるようになってきます。また、「集団の生活を通して、子どもが人との関わりを深め、規範意識の芽生

(6) ルソー　今野一雄訳『エミール（上）』岩波書店、1962年、p.125.

補足

保育の基本
　日本の「生活を通した保育」の考え方の源流になっているのが倉橋惣三である。倉橋は、「幼稚園保育の真諦は子供の生活へ教育をもっていくので、こちらに目的はあるけれども、日々に行っていく保育の実際の働きは、子供の生活の方へこちらから合わせていくのです」と語り、大人の目的を第1に教育をするのではなく、子どもの生活のなかに教育を含ませていく保育思想を展開した。

(7) 倉橋惣三『幼稚園真諦』フレーベル館、2008年、p.66.

えが培われる」と述べられているように、保育者と1対1の関係が基本となっていた乳児期の生活から、集団との関係のなかで人間関係を構築し、仲間との絆を深めていく生活へと変化していきます。さらに、「生活のなかで言葉の楽しさや美しさに気付く」「生活のなかで美しいものや心を動かす出来事に触れ、イメージを豊かにする」といったように、生活のなかで言葉への感性や想像力が育まれていくことになります。

このように、それぞれの時期にふさわしい生活について考え、それを提供していくことが保育にとって重要になります。そのためには、子どもたちの健康的で安全な環境が確保できていることが前提となります。「保育所保育指針」第3章には、「子どもの健康および安全の確保は、子どもの生命の保持と健やかな生活の基本」であると述べられています。子どもの豊かな生活を保障するうえで、子どもの健康状態を適切に把握し、施設の衛生管理や、事故防止・安全対策を適切に行っていく必要があるでしょう。

(2) 子どもにとっての遊びと学び

幼児期の豊かな生活の中心となっているのが「遊び」です。「幼保連携型認定こども園教育・保育要領」第1章総則に記されているように、「乳幼児期における自発的な活動としての遊びは、心身の調和のとれた発達の基礎を培う重要な学習」です。つまり、幼児期の保育において、子どもは「遊びを通して学ぶ」のであって、保育はそのことを念頭において計画されていかなければなりません。「遊び」は「教育」の隙間時間に行われるものではなく、「遊び」が「学び」と一体となっているのだという認識をもつことが重要です。

このことを理解するために、以下の事例とワークを通して、遊びのなかに子どもたちの学びを見とる練習をしてみましょう。

ワーク

事例2

11月の天気の良いある日、年長クラスでは泥団子遊びが流行っています。リョウタ先生が園庭を見回っていると、5歳のBくんと

3章 保育の基本原理

　Cちゃんが砂場で遊んでいました。Bくんが「リョウタ先生、見て！」と言って見せてくれたのは、表面がピカピカに光った泥団子です。リョウタ先生が「すごいね！ピカピカだ」と言うと、Bくんは「これ落としても割れないんだよ」といって、泥団子を地面に放り投げました。泥団子は地面に落ちましたが、傷1つついておらず、Bくんは得意そうな表情です。Cちゃんはその間も熱心に白い砂をザルでこし、きめの細かい「さら砂」を作り、それを泥団子につけて何度も何度も手で磨いています。リョウタ先生が「Cちゃんのも固そうだね」と聞くと、「もう1週間も磨いてるからね！」と答え、リョウタ先生はびっくりしてしまいました。

　その様子をそばで見ていた、年中クラスのDくんが、「僕も作りたい！」と言って近づいてきました。Dくんが「どうやってつくるの？」と聞くと、Bくんが、「まず、泥を丸くして、そのあとさら砂で磨くんだよ」と言うと、Dくんは「これ？」と言って砂場の砂を丸めはじめました。Bくんは、「あ、それだと固くならないから、あっちの地面の土を取ってきて」とDくんに伝えています。リョウタ先生が「なんで砂場の砂だとだめなの？」と聞くと、Bくんは「えっとね…、お団子のまんなかに使う土はね…、ちょっと粘ってて、黒いやつのほうが固くなるんだよ」と、少し考えながら教えてくれました。そのあとも、Bくんは丁寧に泥団子の作り方をDくんに教えてあげていました。

事例2のような「泥団子遊び」のなかで、子どもたちにはどのような力が育まれていると思いますか？

　事例2は、ありふれた保育の一場面にみえるかもしれませんが、じっくり考えてみると、子どもたちは遊びのなかで多様な経験をしています。
　地面に落としても割れない泥団子をつくるには、かなりの手間と工夫が必要です。今では泥団子名人のBくんも、はじめはDくんのように初心者だったはずです。そこから、「どこの土を使うか」「どのような順番でつくるか」「どのような大きさでつくるか」といっ

たさまざまな試行錯誤をして、固い泥団子を作れるようになったのです。このような試行錯誤と創意工夫の力は、遊びのなかで育まれていきます。また、本当に固い泥団子をつくるためには、何日もかけて同じ団子を磨き続ける集中力や継続力が必要です。Cちゃんのように、ひとつのことに取り組みつづける姿にはこのような力の育ちを見てとることができます。

　一方、BくんとDくんのやりとりのなかにも、子どもの学びを見てとることができます。BくんとDくんのような異年齢の交流のなかでは、「教え─教えられる」関係が自然と生じます。泥団子づくりの手順をわかりやすく説明するには、手順やコツを論理的に整理し、言葉に表すことが必要です。Bくんは「教える」なかで、このような言葉を使う力を伸ばすことになるでしょう。また、泥団子づくりでは粘りがあって黒い土を探すことが重要であることを知ったDくんは、これからいろいろな土を使って創意工夫していくことになるでしょう。そして、土を選ぶには、色や触覚といった五感を研ぎ澄ませていくことが必要になります。このような五感を育むことも幼児期に必要な学びのひとつとなるでしょう。

　「保育所保育指針」第2章の4には、「幼児期の終わりまでに育ってほしい姿」として、多様な子どもの育ちの様子が挙げられています。この事例にみてとれるものとしては、「見通しをもつこと」「工夫すること」「諦めずにやり遂げること」「協力すること」「情報を伝えあう」ことなどが該当するでしょう。重要なのは、このような「育ち」を保育者であるあなた自身が見とることができるようになることです。優れた保育者になるために、子どもの遊びの価値をしっかりと理解しておきましょう。

(3) 自発的な活動としての遊び

　ここまで、幼児期の遊びの重要性について述べてきました。最後に遊びが「自発的」であることの重要性について述べたいと思います。

　小川博久は、遊びを以下の4点から定義しています(8)。第1に、遊びは遊び手が自ら選んで取り組む活動であるということ、第2に、遊び手が他の目的のためにやる活動ではなく、遊ぶこと自体が目的

補足

遊びの価値
　「幼児期の終わりまでに育ってほしい姿」の項目には、「健康な心と体」「自立心」「協同性」「道徳性・規範意識の芽生え」「社会生活との関わり」「思考力の芽生え」「自然との関わり・生命尊重」「数量や図形、標識や文字などへの関心・感覚」「言葉による伝え合い」「豊かな感性と表現」の10項目が挙げられている。幼児期の遊びを通して育まれるこれらの力が小学校での学びの基礎になっていることを認識することが重要である。

(8)　小川博久『遊び保育論』萌文書林、2010年、p.46.

となる活動であること、第3にその活動自体、楽しいとか喜びといった感情に結びつく活動であること、第4に遊びは自ら進んでその活動に参加しなければ味わうことができないということです。つまり、遊びは、自発的に、それ自体を目的として楽しまれるものでなければならないのです。

たとえば、ある積み木で遊ぶことが脳の発達に良いということを聞いた保育者が、毎日子どもに積み木遊びをさせたとしたらどうでしょうか。はじめは興味深々に遊んでいた子どもたちも、毎日先生が全員を集め、「今から積み木遊びをします」と言うたびに、しだいに遊びを「やらされる」ことになっていくでしょう。

このような「自発性」を欠いた「遊び」のなかでは、子どもたちの集中力や継続力といった力を伸ばすことはできませんし、そのようなときに「遊び」の力は失われてしまいます。

保育者が行うべきことは、"子どもが何で遊ぶかを決める"ことではなく、子どもが興味をもつような環境を用意したり、保育者が自ら遊ぶことで子どもたちの遊びのモデルとなったりするような関わりであるといえるでしょう。 　　　　　　　（山本一成）

> **補　足**
>
> **遊びのモデルとなる**
> 現代は幼児同士の関係性が希薄になり、子どもをただ「放任」するだけでは十分な遊びが展開しないことも指摘されている。「自由遊び」と称して子どもを放置するのではなく、子どもが十分に遊ぶ環境を整え、自らも一緒になって遊ぶ保育者の存在が、子どもの自発的な遊びを尊重するために必要であるといえる。（小川博久、前掲書、p.168.）

コラム

近年の脳科学ブームから、音楽の才能や英語の才能を伸ばすにはタイムリミットがあり、脳が柔軟な幼児期の早期教育が重要だという言説が広く聞かれるようになった。その影響は、幼稚園や保育園にも広がり、英語、体操、ピアノといった「教育」の時間を取り入れる園も多くなっている。しかし、早期教育を支持する脳科学の根拠には不十分なものが多く、また子どもの個人差を無視した画一的な「教育」の弊害も指摘されている（小西行郎『早期教育と脳』光文社、2004年）。教育観はさまざまであるが、少なくとも英語や体操といった経験が、子ども自身の生活や遊びのなかに無理なく含みこまれているかどうかは見極める必要があるだろう。子どもの生きる力の基礎を育む重要な時期に、目に見える成果だけを目指す安易な早期教育を行うことは、子どもの全体的発達にとって逆効果にもなりかねない。

確認テスト

問題1

以下の文章のうち、「保育所保育指針」に示された内容と合致するものを1つ選び、記号で答えなさい。

　ア　幼稚園や認定こども園と同様、保育所でも「教育」を行う必要があるため、特に「算数科」や「国語科」など基礎的な学習の時間を確保するよう、時間割を作成するべきである。

　イ　保育所では、「生命の保持」と「情緒の安定」を図る「養護」の働きかけが重要であるが、4歳児や5歳児といった年齢の高い子どもに対しては必要ない。

　ウ　「保育所保育指針」には、「養護」と「教育」に関する目標がそれぞれ示されているが、これらの「養護」と「教育」が一体となって行われる点に保育所保育の特性がある。

　エ　子ども1人ひとりが健康で安全に過ごせるようにするための専門職として、保育所には「養護教諭」を置くことが義務付けられている。

答え＿＿＿＿＿＿＿＿＿＿＿＿

問題2

次の文章は、「保育所保育指針」の一部です。空欄に当てはまる用語を埋めなさい。

　保育の環境には、保育士等や子どもなどの（　　　　　）、施設や遊具などの（　　　　　）、さらには（　　　　　）などがある。保育所は、こうした人、物、場などの環境が相互に関連し合い、子どもの生活が豊かなものとなるよう、次の事項に留意しつつ、計画的に（　　　　　）し、工夫して保育しなければならない。

問題3

「保育所保育指針」では、保育の方法として、「乳幼児期にふさわしい体験が得られるように、生活や遊びを通して総合的に保育すること」が重要であると述べられている。「遊び」は子どもにとってどのようなものであり、子どもは「遊び」を通してどのような力を身につけていくか。自分の意見を140字程度にまとめよ。

....
....
....
....
....

4章 保育の実践

POINT
- 保育の目標は「幼児期の終わりまでに育ってほしい姿」が示されている。
- 保育の計画は心身の発達、生活環境に応じて組織的・計画的に作成される。
- 保育の指導計画は、短期計画と長期計画を作成する。
- 保育の記録は子どもの発達を、保育者が理解するために活用される。

1　保育の目標と方法

(1) 保育の目標を理解する

　新しい保育所保育指針、幼稚園教育要領、幼保連携型認定こども園教育・保育要領が2017（平成29）年に告示されました。新しく改訂される背景には、幼児教育から小学校教育への滑らかな接続が求められたこと、2015（平成27）年度から「子ども・子育て支援新制度」が始まったこと、0～2歳児を中心とした保育所利用児童数が増加したこと等、近年の子どもや保護者を取り巻く環境の変化があります。

　乳幼児期は子どもが生涯にわたる人間形成の基礎を培う時期であり、保育を実践する際に「保育の目標」を十分に理解する必要があります。

1) 保育所保育指針に示される保育の目標

　保育所保育指針※では、保育所保育指針の第1章　総則「1. 保育所保育に関する基本原則」に「(2) 保育の目標」が示されています（図4-1 参照）。

　保育の目標は、子どもに対する目標（アの部分：**養護**の側面、（ア）から（カ）の部分：**教育**の側面）と保護者支援に対する目標（イの部分）から構成されます。アでは、「子どもが現在を最も良く生き、望ましい未来をつくり出す力の基礎を培う」とあるように、乳幼児期の育ちがその後の成長発達の土台になるという長期的・連続的な

 補足

保育所保育指針
　養護と教育については、3章を参照。

視点を含んだ目標になっています。この目標に向かう具体的な側面が（ア）から（カ）になります。特に（ア）は養護に関する目標、（イ）から（カ）は、教育の5領域「健康」「人間関係」「環境」「言葉」「表現」の目標です。

イでは、保護者や家庭を保育の専門的な視点から援助し、保護者と一緒に子どもを育てることを目指す目標を示しています。

第1章　総則「1　保育所保育に関する基本原則」
（2）保育の目標

ア　保育所は、子どもが生涯にわたる人間形成にとって極めて重要な時期に、その生活時間の大半を過ごす場である。このため、保育所の保育は、子どもが現在を最も良く生き、望ましい未来をつくり出す力の基礎を培うために、次の目標を目指して行わなければならない。

（ア）十分に養護の行き届いた環境の下に、くつろいだ雰囲気の中で子どもの様々な欲求を満たし、生命の保持及び情緒の安定を図ること。　【養護】

（イ）健康、安全など生活に必要な基本的な習慣や態度を養い、心身の健康の基礎を培うこと。（健康）

（ウ）人との関わりの中で、人に対する愛情と信頼感、そして人権を大切にする心を育てるとともに、自主、自立及び協調の態度を養い、道徳性の芽生えを培うこと。（人間関係）

（エ）生命、自然及び社会の事象についての興味や関心を育て、それらに対する豊かな心情や思考力の芽生えを培うこと。（環境）

（オ）生活の中で、言葉への興味や関心を育て、話したり、聞いたり、相手の話を理解しようとするなど、言葉の豊かさを養うこと。（環境）

（カ）様々な体験を通して、豊かな感性や表現力を育み、創造性の芽生えを培うこと。（表現）

【教育】

イ　保育所は、入所する子どもの保護者に対し、その意向を受け止め、子どもと保護者の安定した関係に配慮し、保育所の特性や保育士等の専門性を生かし、その援助に当たらなければならない。

図4-1　保育所保育指針および保育目標

2）幼稚園教育要領に示される保育の目標

幼稚園における保育の目標は、学校教育法第23条※に5つの項目として示され、教育の5領域「健康」「人間関係」「環境」「言葉」「表現」の目標となっています。

1　健康、安全で幸福な生活のために必要な基本的な習慣を養い身

補足

学校教育法第23条
　幼稚園は、学校教育基本法第1条において、「学校」の範囲とされている。

> 　　体諸機能の調和的発達を図ること。
> 2 　集団生活を通じて、喜んでこれに参加する態度を養うとともに家族や身近な人への信頼感を深め、自主、自律及び協同の精神並びに規範意識の芽生えを養うこと。
> 3 　身近な社会生活、生命及び自然に対する興味を養い、それらに対する正しい理解と態度及び思考力の芽生えを養うこと。
> 4 　日常の会話や、絵本、童話等に親しむことを通じて、言葉の使い方を正しく導くとともに、相手の話を理解しようとする態度を養うこと。
> 5 　音楽、身体による表現、造形等に親しむことを通じて、豊かな感性と表現力の芽生えを養うこと。

　2017（平成29）年に告示された新しい幼稚園教育要領では、小学校の各教科等とのつながりが重視され、幼児教育において育みたい資質・能力の3つの柱「(1) 知識・技能の基礎、(2) 思考力・判断力・表現力等の基礎、(3) 学びに向かう力・人間性等」が整理されました。そして、この資質・能力を育むための具体的な姿として、「幼児期の終わりまでに育ってほしい姿」が示されました（図4-2）。

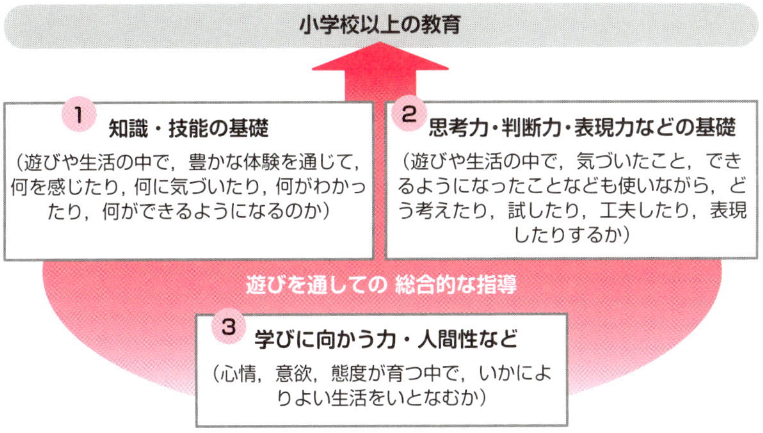

小学校以上の教育

1 知識・技能の基礎
（遊びや生活の中で、豊かな体験を通じて、何を感じたり、何に気づいたり、何がわかったり、何ができるようになるのか）

2 思考力・判断力・表現力などの基礎
（遊びや生活の中で、気づいたこと、できるようになったことなども使いながら、どう考えたり、試したり、工夫したり、表現したりするか）

遊びを通しての 総合的な指導

3 学びに向かう力・人間性など
（心情、意欲、態度が育つ中で、いかによりよい生活をいとなむか）

図4-2　幼児教育において育みたい資質・能力の整理

　この3つの資質・能力は、小学校以降の教育の基礎とされています。保育は、<u>環境を通して行う教育</u>(1)であり、その内容は遊びを通し

(1) 幼稚園教育要領第1章総則　第1 幼稚園教育の基本に示されている。

た学びです。そのため、遊びを通して総合的に指導するなかで資質・能力が育まれることを目指します。また、「幼児期の終わりまでに育ってほしい姿」の10項目は、これまでの幼稚園教育要領の「内容の取扱い」などで示されているものです（図4-3）。

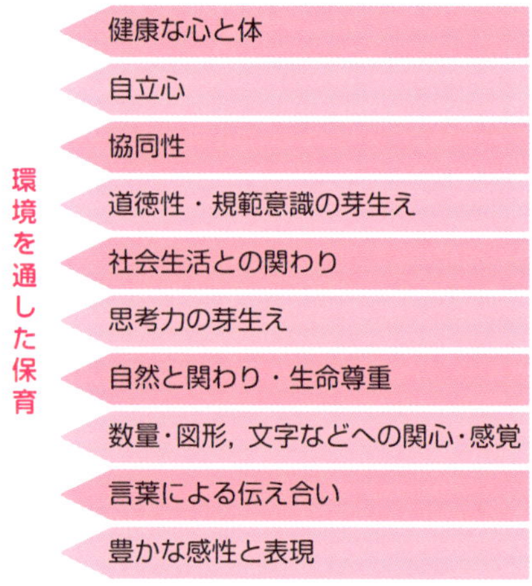

図4-3　幼児期の終わりまでに育ってほしい姿

環境を通した保育
- 健康な心と体
- 自立心
- 協同性
- 道徳性・規範意識の芽生え
- 社会生活との関わり
- 思考力の芽生え
- 自然と関わり・生命尊重
- 数量・図形，文字などへの関心・感覚
- 言葉による伝え合い
- 豊かな感性と表現

　今回の改訂では、このように10の姿として明確に示すことで、幼児期の子どもの発達を評価する視点を提示しているといえます。

3）幼保連携型認定こども園教育・保育要領に示される教育及び保育の目標

　認定こども園法第9条に以下の6項目が示されています。0歳から小学校就学前の子どもの保育・教育の施設として、「発達や学びの連続性および生活の連続性の観点」をもつことが大切です。

1　健康、安全で幸福な生活のために必要な基本的な習慣を養い、身体諸機能の調和的発達を図ること。

2　集団生活を通じて、参加する態度を養うとともに家族や身近な人への信頼感を深め、自主自律及び協同の精神、規範意識を養うこと。

3　身近な社会生活、生命及び自然に対する興味を養い、それらに対する正しい理解と態度及び思考力の芽生えを養うこと。

4　日常の会話や、絵本、童話等に親しむことを通じて、言葉の使い方を正しく導くとともに、相手の話を理解する態度を養うこと。

5　音楽、身体による表現、造形等に親しむことを通じて、豊かな感性と表現力の芽生えを養うこと。

6　快適な生活環境の実現及び子どもと保育教諭その他の職員との信頼関係の構築を通じて、心身の健康の確保及び増進を図ること。

4章　保育の実践

(2) 保育の方法を理解する

1）主体としての子どもの思いや願いを受け止める保育

　子どもたちの1日は、そのほとんどが遊びを中心にした生活です。遊ぶことを通して、自分の好きなものを見つけたり、今まで知らなかったことを知るようになり、世界を広げていきます。知的な世界の広がりはもちろんですが、私たち大人が自然にできている人との関係づくりも、子どもたちは遊びを通して学んでいきます。たとえば、自分がしたい遊びを上手く伝えられずに共有してもらえなかったり、自分のやりたいことを優先してしまい仲良く遊べなかったり、という葛藤を経験することで、仲間づくりの方法を理解していきます。幼児期は人間形成の時期(2)であり、保育者の子どもの思いや願いを受け止める保育が重要になってきます。子ども1人ひとりの発達段階を踏まえながら、自分の気持ちを表現していく過程を保育者が支えていくことで、子どもたちは自分を発揮しながら安心して園生活を送ることができるのです。

(2) 保育所保育指針第Ⅰ章総則　1保育所保育に関する基本原則(2) 保育の目標に示されている。

2）個と集団の育ちを大切にする保育

　幼児期の子どもの発達は、個人差が大きいこと、また、子どもを取り巻く家庭環境や地域社会も異なることを理解することが大切です。1人ひとりの「個」の育ちを理解し、どのように「集団」としての育ちを考えるかが、保育のポイントです。子どもたちは集団での活動を通して自分や他人への理解を深めながら、社会的な存在として生きていく力を身につけていきます。この力は社会的コンピテンス※(3)といわれ、具体的には、①他者の気持ちを理解し、共感する力、②他者の性格や特徴を理解する力、③遊びや生活に必要なルールを生み出す力、④会話を通して他者とコミュニケーションをとる力、⑤自分の気持ちや考えをコントロールする力が上げられます。そして、保育では、このような力を身につけられるように子どもの発達段階に応じて、集団での活動を考えていきます。このように、1人ひとりの発達の状況を捉え、今そしてこれから、どのような力を身につけてほしいかといった見通しをもちながら保育をすることは、まさに専門家としての役割といえます。

補足

社会的コンピテンス
「対人関係や集団生活において必要な能力」を指す。

(3) 斉藤こずゑ・木下芳子・朝生あけみ 1986「仲間関係」無藤隆・内田伸子・斉藤こずゑ編『子ども時代を豊かに―新しい保育心理学』学文社、1986年、pp.59-66.

2　保育の計画

(1) 保育の計画の全体

　保育の計画は、保育所保育指針（以下、指針）や幼稚園教育要領、幼保連携型認定こども園教育・保育要領（以下、要領）に基づき、園の実態に応じて作成されます。図4-4にある教育課程や全体的な計画は、その園の**保育の全体計画（カリキュラム）**になります。さらにそれらを具体的にしたものが長期計画と短期計画であり、**指導計画**とよばれるものです。このように各園は、指針や要領を踏まえ、さらに地域や家庭、そして子どもの実態に合わせて保育の計画を作成していきます。子どもにとってどのような保育計画を考えるかは、保育者の専門性のひとつといえます。

　2017（平成29）年の要領では、カリキュラムマネジメントが強調され、各園は子どもの心身の発達に応じた保育内容を考えることはもちろん、家庭や地域の実態に即して行事や活動を取り入れるなど創意工夫して全体的な計画を組織的、計画的に作成していくことが求められています。

> **補足**
>
> **カリキュラムマネジメント**
> 各園の教育目標を実現するために、子どもや地域の実態を踏まえ、カリキュラムを編成・実施・評価について計画的・組織的に取り組むこと。

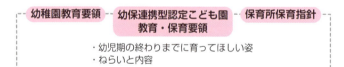

図4-4　保育の計画の全体像

1) 幼稚園教育要領に示される教育課程

幼稚園教育要領　第1章総則第3「教育課程の役割と編成等」で次のように示されています。

> 2　各幼稚園の教育目標と教育課程の編成
>   教育課程の編成に当たって、幼稚園教育において育みたい資質・能力を踏まえつつ、各幼稚園の教育目標を明確にするとともに、教育課程の編成についての基本的な方針が家庭や地域とともに共有されるように努めるものとする。
>
> 5　小学校教育との接続に当たっての留意事項（2）
>   幼稚園教育において育まれた資質・能力を踏まえ、小学校教育が円滑に行われるように、小学校教師との意見交換や合同の研究の機会などを設け、「幼児期の終わりまでに育ってほしい姿」を共有するなど連携を図り、幼稚園教育と小学校教育の円滑な接続を図るように努めるものとする。

2において、教育課程の編成には、教育目標も含めてその基本的方針は家庭や地域にも共有されることが求められています。これは、幼児教育が園でのみ行われるのではなく、家庭や地域と連携しながら行うものであることを意味しています。教育課程を編成するなかで、たとえば、地域に伝統的な行事や風習が残っている場合、遊びや活動として指導計画に加える工夫をすることは、地域や家庭と連携するという地域社会における幼児教育施設の役割でもあります。

5において、小学校との円滑な接続を図るために、2017（平成29）年の改訂で示された「幼児期の終わりまでに育ってほしい姿」を共有することが求められています。そのため、各園はこの10の姿が育つと考えられる、または期待される遊びや活動をどのように教育課程のなかに配置していくか、子どもの実態に応じた創意工夫が必要になってきます。この10の姿を共通の軸とした幼児教育と小学校教育によって、子どもの発達の捉え方が円滑になるように期待されます。

また、幼稚園教育要領　第1章総則　第3「教育課程の役割と編成等　6　全体的な計画の作成」には、幼稚園では、教育課程とは

別に「全体的な計画」の作成が求められています。これまでは、教育時間終了後に行う教育活動（預かり保育）の計画を明確に位置づけられていませんでしたが、今回の改訂から各園では、教育課程と関連付けて全体的な計画として作成する必要があります。

2）保育所保育指針に示される全体的な計画

保育所保育指針　第1章総則　3「保育の計画及び評価」に次のように示されています。

> （1）全体的な計画の作成
> ア　保育所は、1の（2）に示した保育の目標を達成するために、各保育所の保育の方針や目標に基づき、子どもの発達過程を踏まえて、保育の内容が組織的・計画的に構成され、保育所の生活の全体を通して、総合的に展開されるよう、全体的な計画を作成しなければならない。
> イ　全体的な計画は、子どもや家庭の状況、地域の実態、保育時間などを考慮し、子どもの育ちに関する長期的な見通しをもって適切に作成されなければならない。
> ウ　全体的な計画は、保育所保育の全体像を包括的に示すものとし、これに基づく指導計画、保健計画、食育計画等を通じて、各保育所が工夫して保育できるよう、作成されなければならない。

補　足

全体的な計画
2008（平成20）年告示の保育所保育指針では、「保育課程」と記されていたが、2017（平成29）年の指針では、「全体的な計画」に変更されている。

全体的な計画は、保育所の生活全体を通して、総合的に展開されるものです。各保育所は子どもの発達段階、家庭状況、地域の実態など考慮しながら、一時的な子どもの育ちではなく、0歳から就学前までという長期的な子どもの育ちを捉え、保育が計画的に行われることが求められています。

（2）指導計画の種類

指導計画には、どのような目標をもち、どのように指導をしていくかを、1年または1ヵ月単位で計画する**長期の指導計画**と、1週間または1日単位で計画する**短期の指導計画**の2つに大別されます。いずれの計画においても、「ねらい」「内容」「子どもの活動（姿）」「保育者の援助」の観点から作成していきます。

1）長期の指導計画（年間指導計画、期案、月案）

　長期の指導計画は、保育課程・教育課程に基づき、1年、月ごとの子どもの成長や生活を見通しながら、その時期の保育を具体的に計画するものです。園内外の季節に応じた行事や自然環境を取り入れて子どもの遊びや環境を構成していきます。

　長期の指導計画のなかでも、1年間の園生活を見通す最も長期の計画が「年間指導計画」になります。教育課程や全体的な計画を基に、年齢ごとに作成されます。月ごとの計画は「月間指導計画（月案）」といい、月ごとの季節や自然に応じた行事や行事に向けた遊びや活動を取り入れながら1ヵ月の生活の見通しをもって計画します。

　長期の指導計画では、年齢ごとに保育・教育目標を明確にして、長期的な指導や援助の方向性を示すことが重要になります。また、全職員で話し合いながら子どもの年齢ごとに作成することで、保育者間で子どもに育てたい力や経験させたい活動など、保育の進め方について共通理解し、保育者1人ひとりが長期的な見通しをもって保育をすることにつながります。

2）短期の指導計画（週案、日案など）

　短期の指導計画は、長期の指導計画をそのときの子ども実態に応じてより具体的にしたもので、各クラスの保育を1週間単位で計画する「週案」、その日1日の保育を計画する「日案」があります。園によっては週案と日案を一緒にした「週日案」があります。さらに、研究保育等で特定の活動について計画する「部分案」があります。

　週案では、月案のねらいや内容、前の週の子どもの姿、また天候や気温なども事前に調べて作成します。1週間の子どもの遊びや生活が展開を考えるとともに、前週や翌週とのつながりも配慮することが必要です。日案では、前日までの子どもの姿（興味関心、遊びや生活の流れなど）からその日1日の保育のなかでの生活や遊びについて、「ねらい」や「内容」を考え、具体的な「環境構成」「予想される子どもの姿」「保育者の援助」を計画します。部分案は、研究保育などの際に、部分的に取り上げる活動に関する計画です。

　短期的な計画では、前日までの子ども姿から遊びや興味関心のつながりを捉え、どのように子どもの遊びや興味関心を展開させるか、

保育者が短期的な見通しをもち、保育することが大切です。

(3) 指導計画作成の留意点

指導計画の内容は、「ねらい」「内容」「環境構成」「予想される子どもの姿（活動）」「保育者の援助」「家庭との連携」などから構成されています。指導計画の作成には、以下の点に気をつける必要があります。

1) 子どもの実態をとらえる

保育を考える第一歩は、目の前の子どもの姿を捉えることです。月齢や時期によって子どもの発達は異なります。たとえば、その子は何に興味関心を示すのか、身支度や片づけなど生活面で課題はあるか、遊びの取り組み方はどの程度か、また他の子どもや保育者とどのように関わる等、複数の視点から子ども捉えていきます。これらの視点は、クラス集団の実態を捉えるときも同じです。

2) 子どもの実態に応じた「ねらい」と「内容」を設定する

「ねらい」は、幼稚園・保育所・こども園で育みたい資質・能力を子どもの生活する姿から捉えたものであり、「内容」は、ねらいを達成するために指導する事項です。子どもの姿から具体的な活動を設定していきます。その活動を通して味わう満足感や達成感などの感情的な側面を含まれます。

3) 環境構成と保育者の援助を考える

保育における環境とは、**人的環境**（保育者や子ども）、**物的環境**（施設や遊具など）、**自然や社会の事象**から構成されています。環境構成は、子どもの健康安全そして情緒の安定を目指す養護と、教育の5領域の側面から一体的に考えていきます。具体的には、子どもの発達段階に合わせて、「玩具や生活用品を選択する」「空間を構成する」「日課を展開する」「自らを人的環境として活用する」技術を意識することが大切です(4)。保育者自身も環境の一部であり、環境との相互作用によって子どもの生活や遊びは展開されます。子どもの興味関心を捉え、変化する子どもの思いや願いを受け止めながらも、保育者の意図したねらいと内容を実現していく環境構成には、保育者の専門性が表れます。

> **補足**
>
> **内容**
> 保育所保育指針では、「内容」は、「ねらい」を達成するために、子どもの生活やその状況に応じて保育士等が適切に行う事項と、保育士等が援助して子どもが環境に関わって経験する事項を示したものである、とされている。
>
> (4) 高山静子『環境構成の理論と実践：保育の専門性に基づいて』エイデル出版、2015年

3　保育の記録と省察

(1) 保育記録

1) 記録を実践に生かす

保育実践の過程は、図のように目の前の子どもの姿を理解（**子ども理解**、幼児理解）からはじまり、**保育計画**を立て、それに基づき保育を行い（**保育実践**）、実践を振り返る（**省察**）

図4-5　保育実践サイクル
（小田・中坪、2009）

の循環で進んでいきます(5)。この保育の循環をうまく機能させるために欠かせないことが保育の記録をとることです。

保育者は、日々子どもの様子や保育をさまざまな形で記録していきます。たとえば、1人遊びをしていた子どもが友だちのそばで遊ぶようになった、子どもたち同士でルールを作れるようになった等、子ども1人ひとりの変化を記録し続けていくことで、子ども理解を深めていくことにつながります。

保育の記録は実践のさまざまな場面で生かされます。子ども理解を深めることはもちろん、次の保育計画を考えるうえでも必要です。記録に基づいて子どもの実態に即した環境構成を考えることで、指導計画の改善につながります。また、記録には保育者自身のもつ子ども観や保育観を反映されます。そのため、記録を見直すことで、保育者自身の子どもの捉え方に気づくことができます。さらに、記録を元に他の保育者と話し合ったり、子どもや遊びの情報を交換しあうことで、学びあう保育者集団を作ることにもつながります。そして、記録は、保護者との連携にも役立ちます。たとえば、家庭連絡帳や園便りを通じて、子どもの成長を伝えたり、日々行っている保育を理解してもらったりすることができます。

2) 保育記録の種類

保育の記録には、日々の子どもの姿を記録し、次の実践のために具体的に使用していくものから、就学前の子どもの育ちや発達を記録し小学校に引き継いでいくものまで、さまざまな形式があります。

(5)　小田　豊・中坪史典（編著）『幼児理解からはじまる保育幼児教育方法』建帛社、2010年

各園は子どもに関する記録を慎重に保管することも大切です。

表 4-1　保育の記録の種類（筆者作成）

園・クラス全体の記録	個人の記録	
	実践のための記録	管理のための記録
・教育課程や全体的な計画 ・行事計画 ・指導計画 ・園だより ・保健だより ・事故怪我等発生記録 ・施設設備安全管理表 ・事務日誌など	・連絡帳 ・出席簿 ・個人記録など 子どもの発達については家庭との連携の必要性に応じて，各園ごとに作成。	・幼稚園幼児指導要録 ・保育所児童保育要録 ・幼保連携型認定こども園園児指導要録 ・身体測定記録 ・健康診断記録など

3) 保育記録のとり方

　記録のとり方は、その記録をどのように実践や実践の改善に使用するのか目的によって変わってきます。

　たとえば、1人または複数の子どもたちの遊びの姿や友だちとの関わり、子ども同士、保育者との会話などを含めて記録し、それに対して保育者の捉えや子どもや場面の分析を加える記録をエピソード記録（記述）または事例とよびます。これらは取り上げたエピソードに1人ひとりの子どもの成長や変化をみることができます。また、環境のなかで展開される子どもの遊びの特徴を記録するものに、環境記録図や河邉(6)によって開発された保育マップ記録があります。これらは、環境のなかで遊びや環境そのものにしぼって子どもの姿を捉えることができ、遊びの場としての環境構成の改善につながります。

　そして、各園ではこれらの記録を紙に書くだけでなく、ビデオや写真といったさまざまな形で残すことで園内研修や保育カンファレンス※などで利用し、子ども理解を深める手立てにしています。

(2) 保育の評価

1) 幼稚園教育要領に示される保育の評価

　幼稚園教育要領　第1章総則　「第4指導計画の作成と幼児理解に基づいた評価」に次のように示されています。

(6) 河邉貴子『保育記録の機能と役割？保育構想につながる「保育マップ型記録」の提言』聖公会出版、2013年

　補　足

保育カンファレンス
　カンファレンスは、従来医療・福祉分野で使用されてきた用語であるが、1980年代後半から保育領域でも広く普及された。

> 4　幼児理解に基づいた評価の実施
> （1）指導の過程を振り返りながら幼児の理解を進め、幼児一人一人のよさや可能性などを把握し、指導の改善に生かすようにすること。その際、他の幼児との比較や一定の基準に対する達成度についての評定によって捉えるものではないことに留意すること。
> （2）評価の妥当性や信頼性が高められるよう創意工夫を行い、組織的かつ計画的な取組を推進するとともに、次年度又は小学校等にその内容が適切に引き継がれるようにすること。

　幼児期の子どもの発達の程度は、個人によって非常に異なります。子どもの発達的特徴もあれば、家庭環境の影響（たとえば、長子なのか末子なのか等）による違いもあります。1人遊びに夢中になってなかなか友だちの輪のなかに入らない子もいれば、友だちの気持ちを代弁したり、けんかの仲裁を進んでする子もいます。他の子と比べることで、発達の程度を理解することができる場合もあります。しかし、幼児期では、特にその子にとって経験の意味を捉えていくことが大切です。2017（平成29）年から示された「幼児期の終わりまでに育ってほしい姿」を柱に、1人ひとりの子どもの園生活のなかでの育ちを見極め、どの点に課題があるのかを保育記録等に残していくことで、翌年または小学校教育へつなげていくことができます。

2）保育所保育指針に示される保育の評価

　保育所保育指針　第1章総則「3　保育の計画及び評価」に次のように示されています。

> （4）保育内容等の評価　ア　保育士等の自己評価
> （ア）保育士等は、保育の計画や保育の記録を通して、自らの保育実践を振り返り、自己評価することを通して、その専門性の向上や保育実践の改善に努めなければ成らない。

　保育において実践を振り返ることを「省察」といいます。保育者

は、子ども理解や子どもとのかかわり等を省察することで、実践を見直し、よりよい保育を行うことを目指します。

　ドナルド・ショーンは、専門家は自身の行為のなかで省察し、そして実践を通して知識を生成する「省察的実践者」であると述べています(7)。保育者はまさに省察的実践者といえます。日々の保育は、日案などの指導計画で方向性を示しながらも、実際の子どもとのかかわりのなかで、臨機応変に子どもの状態に応じてや自分の保育行為を見直しながら進めていきます。このように、保育者の省察は専門性の向上に必要なスキルといえます。一般的には、保育者の専門性を向上させるには、ある程度の期間の保育経験が必要だと考えられていますが、経験年数の少ない保育者であっても省察によって専門性を高められる可能性がある(8)とされています。そのため、単に実践を振り返るのではなく、何をどのように振り返るのか、省察の質を高めていくことが必要です。

(3) 記録を通した保育者の成長

　保育の記録は、子どもの発達を捉えるために保育者個人の省察に不可欠なものですが、保育者同士が対話をしながら、保育を見直し、互いに学びあう場とされる園内研修や保育カンファレンス※で利用していくことは、保育者の資質を高めることにより有効です。

　そこで、次にエピソード記述を用いて保育カンファレンスを行った事例(9)を紹介します。H園の保育者（A保育者、B保育者）は、観察対象となる園児を選び、保育のなかでのその子の様子を写真で記録していきました。そして、それぞれの写真に関する＜背景＞、＜エピソード＞、＜考察＞を文章にしていき、各担任保育者、園長、副園長、養護教諭らが参加する保育カンファレンスでエピソードを紹介してきました。

> A：こういう場がなかったら、自分の保育を見つめなおす事ってないですよね。描いているときは、こうだと思って、自分の思いをエピソードには描いているんですよ。だから、カンファレンスのときに、他の第三者から「こうじゃない？」って言われて

(7) ドナルド・A.ショーン　柳沢昌一・三輪建二（訳）『省察的実践とは何か？プロフェッショナルの行為と思考』鳳書房、2007年

(8) 上山瑠津子・杉村伸一郎「保育者による実践力の認知と保育経験および省察との関連」教育心理学研究第63巻、2015、pp.401-411.

(9) 岡花祈一郎,杉村伸一郎,財満由美子,林よし恵,松本信吾,上松由美子,落合さゆり,武内裕明,山元隆春「『エピソード記述』を用いた保育カンファレンスに関する研究」広島大学教育学部・附属学校共同研究紀要(38)、2010、pp.131-136.

も、すぐには受け入れられない時とかもあったんですよ。正直。「うん？」とか「えっ」とかありましたよ（笑）。でも、それが、子どもとかかわりをもつなかで、時間が経つと、「この前、アドバイスもらったやり方でやってみよう」とか、受け入れることができたな。
B：うーん、そうかもね。＜エピソード＞というかたちで、自分の保育観とかかわりとかが出ているからこそ、そんな議論ができるかもね。
A：そうそう。
B：普通の場面だけ描いてちゃ、そんなところまで議論できないし。もっとこうしたほうがいいという議論にはなりようがないよね。
A：園長や副園長だけに提出する反省文のような文章では議論にならなかったと思う。実際に、保育者がどう思ったからどうかかわっていったっていうのを、他の保育者の先生に伝えていくっていうのは「エピソード記述」やカンファレンスがあったからできたのかなと思います。

　他の保育者とエピソードを共有しあうことで、A保育者とB保育者は、自分の保育を見つめ直す機会になったと語っています。日々の保育は、子どもとのかかわりの連続です。1人ひとりの興味関心を捉え、遊びの展開を考えていく経過をエピソードとして切り出すことで、保育者は子どもの興味関心をつぶさに捉え、自分のかかわりを客観的にみることができます。また、保育カンファレンスなどの集団での学び合いには、他の保育者の考えを受け入れることが必要になります。自分がよいと思ったやり方であっても、他の保育者から見ると他の方法があるかもしれません。異なる意見があることを知ることは、同時に自分のもつ子ども理解や保育観を知ることにつながります。そして、エピソード記述という保育記録を通して、自分の保育を他の保育者に伝えていくことになります。保育者の実践は、子どもや状況が交差する複雑なもので、保育を言語化するのは難しいとされています。保育の一場面を切り取り、自分の考えを含めて子どもの様子を伝えていくことで、保育に対する自信をつけることになり、保育者としての成長につながります。　（上山瑠津子）

確認テスト

問題1

次の文章の空欄に語句を入れ、それぞれの文章を完成させなさい。

　保育所は、子どもが生涯にわたる（　　　　）にとって極めて重要な時期に、その生活時間の大半を過ごす場である。このため、保育所の保育は、子どもが（　　　　）を最も良く生き、望ましい（　　　　）力の基礎を培うために、次の目標を目指して行わなければならない。【「保育所保育指針」の一部】

　平成29（2017）年に告示された新しい幼稚園教育要領では、（　　　　）とのつながりが重視され、幼児教育において育みたい資質・能力の3つの柱「（　　　　）の基礎、（　　　　）の基礎、（　　　　）」が示された。

問題2

幼稚園教育要領等に基づき、どのような教育課程または全体計画を編成（作成）し、どのようにそれを実施・評価し改善していくかという保育の計画を組織的に考えることを何というか。　　　　　　　　　　　　答え＿＿＿＿＿＿＿＿＿＿＿＿＿＿

問題3

保育の記録は実践のどのような場面で生かされるか、また、保育者にとって保育の記録をとる重要性は何か。200字程度でまとめよ。

5章 発達と保育との関係

POINT

- 保育者は、「育ってほしい姿」を意識しながらも、1人ひとりの発達のペースを尊重して関わることが大切である。
- 乳児保育では、「養護」の働きかけを重視し「応答的な関わり」が基本となる。
- 1歳～3歳未満の「いやいや」は、自我の成長の裏返しと理解し、子どもの思いを受けとめながら他者の思いも伝えていく関わりが中心となる。
- 3歳以上児では、「協同的な活動」を通した「個の成長」と「集団としての活動の充実」が保育の中心となる。

1 育つことと育てること

　保育者を目指す学生に、「『子どもを育てる』とはどのようなことだと考えていますか。」ということを自由に記述してもらったことがあります。今これを読んでいるみなさんはどのように答えるでしょうか。

　この問いに対して、たとえば、以下のような回答がみられました。じつにさまざまな回答があったなかでもっとも多かった回答は、「子どもが自立した生活を送れるように援助すること」や「子どもに日々の生活習慣を身に付けさせること」といったものでした。学生の言葉を借りれば、「これから成長していくうえで、社会に出られるように基本的生活習慣を子どもに教え、準備ができるようにすること」を「育てる」こととして捉えているということがみえてきます。

　じつはこの問いは、保育所実習と施設実習を経験した大学3年生に尋ねたものなのですが、保育の場で実際に乳幼児と関わった経験を経たからこその回答もありました。

　たとえば、「子どもを育てるとは、友だちと一緒に遊びながら他者の気持ちを理解し、円滑な人間関係を築けるようにすること」や「親や保育者が一方的に援助をするのではなくて、その子の発達に合わせて子どもの表情や言葉、行動を読み取りながら関わったり見守ったりすること」といったものです。

　さまざまな発達の過程にある実際の子どもたちと関わったこれら

の学生の回答は、保育所が乳幼児にとって初めての集団生活の場であり、他者との関わりがその育ちに重要となることや子ども各々の発達過程に沿った保育が重要となることを的確に示してくれています。

(1) 発達の最近接領域

保育所で乳幼児を「育てる」ことは、家庭における教育とは異なり、「保育所保育指針」が基盤となります。保育所は、ただ単に子どもを預かる場ではなく、幼児期の終わりまでに育ってほしい姿」を見通したうえで子ども1人ひとりの発達過程に見合った保育をしていく必要があるのです。そのために、「保育所保育指針」第2章では、「乳児保育」、「1歳以上3歳未満児」、「3歳以上児」と項目が立てられ、各時期の特性を踏まえた保育の内容が詳細に記載されています。

では、子どもそれぞれの発達過程に沿った保育とはどのようなものでしょうか。先の学生アンケートにおいて、次のような保育における困ったことを挙げています。

> 保育の場は集団生活なので、なかには行動が遅れてしまう子がいました。先生は遅くなっても自分でやってみなさいという感じだったけれど、私はすぐ手伝ってしまいました。自分ができるところは自分でやるという境界線はとても難しいなと思いました（3歳児）。

この他にも、子どもに対してどこから援助すればよいのかが難しいという声が多く聞かれました。

子どもの発達には大人の援助が欠かせないことを指摘したヴィゴツキーという人がいます。これは、何らかの問題に対して「自分1人で解決できる水準」と「大人の援助があれば解決できる水準」の差の領域があり、この発達の最近接領域での大人との関わりを通して人は発達をすると考える理論です。「この年齢だから〇〇」という考え方を一方的に当てはめて「育てる」のではなく、1人ひとりの発達のペースや現状の育ちの姿を尊重しながら、それぞれの子どもの発達の最近接領域において大人が関わり導くことで子どもは

補足

幼児期の終わりまでに育ってほしい姿

「保育所保育指針」第1章の4では、幼児教育と小学校の接続をスムーズにするために、「幼児期の終わりまでに育ってほしい姿」として10の項目が掲げられている。つまり、毎日の日々の保育の積み重ねを通して「育ってほしい」と期待する方向があって日々の保育は行われる。

人名

L. S. ヴィゴツキー（1896-1934）

旧ソビエト連邦の心理学者。子どもは他者との関わり合いのなかで育つと考え、発達心理学や教心理学に多大な影響を与えた。（佐伯胖編『共感―育ち合う保育の中で』ミネルヴァ書房、2007年）

自ら「育つ」ということができるでしょう。

(2) 協同的な遊びと学び

また、保育所での「育てる」いとなみでは、他者と協同する経験を重ねることも重要とされています。これも小学校へのスムーズな接続という観点からです。しかし、実際に、仲間と遊ぶなかで他者と目的を共有し「工夫したり、協力したりして」目的を実現し達成感を味わうことができるのは保育所生活の終盤になったころです。

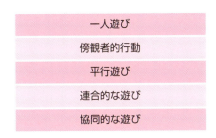

図5-1　子どもの遊びの発達

図5-1 は、子どもの遊びがどのように発達するかを示すものです。2歳から5歳児にかけて、「一人遊び」から始まり「協同的な遊び」へと徐々に他者との相互作用が必要となる社会的な形に変化をしているのがわかります。「協同的な遊び」とは仲間と同じ目的をもって遊ぶことです。そこでは葛藤を体験することもありますが、そのなかでこそ、自分の思いを伝えたり抑えたりしながら協同する力が育っていくのです。つまり、保育者には、「育ってほしい姿」を意識しながら、子どもたちがさまざまな体験を通して「育つ」場を創っていくことが求められます。

> **補足**
>
> **共同する活動**
>
> 3歳以上児の保育に関するねらい及び内容が記載されている「保育所保育指針」第2章の3(1)には、「協同的な活動」という文言がある。
>
> また、5つの領域すべてを通して、他者や仲間と関わる過程を重視した文言がみられる。

> **補足**
>
> **子どもの遊びの発達**
>
> パーテンの古典的研究によるものである。

2 乳児保育

前回の「保育所保育指針」の改定から約10年、2018（平成30）年に施行される新しい「保育所保育指針」においては、乳児や1、2歳児の保育の充実のためこの時期の特性を踏まえた保育の内容が細かく記載されています。

近年、生後間もない乳児期から保育所に入る子どもたちが急増していることがその背景にあります。まだ幼いこうした子どもたちにとっても保育所が1日の大半の時間を過ごすひとつの重要な生活の場となっているのです。ただ単に「子どもを預かる」のではなく、「生涯にわたる人間形成にとって極めて重要な時期」(1)の子どもたちを保育することを認識せねばなりません。この時期の保育のあり方がその後の子どもの成長に大きく影響を与えるからです。

(1)「養護」の側面の重要性

3章で「養護と教育の一体性」について書かれていますが、乳児保育では特に保育者の「養護」の働きかけが重要です。「保育所保育指針」第1章の2には「一人一人の子どもが、周囲から主体として受け止め※られ、主体として育ち、自分を肯定する気持ちが育まれていくようにする。」というねらいが示されています。

乳児期において、何よりも重要となるのは基本的信頼感※をしっかりと育むことだといえます。基本的信頼感とは、子どもが大人との情緒的絆を形成するなかで得る、自分が他者から愛され、大切にされる存在なのだという感覚のことです。では、まだ言葉も未発達な乳児とどのように基本的信頼感を育めばよいのでしょうか。以下のワークと事例を通して考えてみましょう。

ワーク

事例1

保育所に入って間もないAちゃん（8ヵ月）がお母さんの抱っこで登園してきました。すでにAちゃんは泣き顔です。ヨウコ先生は、「Aちゃん、おはよう」と笑顔で明るく声をかけながらお母さ

---

(1)「保育所保育指針」第1章の1の(2)より抜粋

 補足

主体として受け止める

鯨岡峻は、子どもを「主体として受け止める」養護の働きについて、「思いを受け止める」こととしている。（鯨岡峻著『子どもの心の育ちをエピソードで描く―自己肯定感を育てる保育のために』ミネルヴァ書房、2013年）

 補足

基本的信頼感

エリクソンは、人間の一生涯を8つの時期に分け、それぞれの時期に課題があるとする発達段階説を唱えました。乳児期の課題は、「基本的信頼感」を獲得することだとしている。（E.H.エリクソン、J.M.エリクソン、H.Q.キヴニック著『老年期―生き生きとしたかかわりあい』みすず書房、1990年）

んからAちゃんを預かります。すると、お母さんから離れてしまったAちゃんはとうとう「わーん！」と泣き出してしまいました。
　ヨウコ先生は、Aちゃんを抱っこしたまま、「泣けちゃうねえ、泣けちゃうねえ」と声をかけながら、窓ごしに外を指差し、「Aちゃん、今日はチュンチュン、いるかなあ？見えるかなあ？お散歩の時探そうね〜」とAちゃんの気分転換を図ります。続けて、Aちゃんの好きな歌を口ずさみながらリズムをとって抱っこをしていると、Aちゃんはだんだんと落ち着いていきました。

　事例1には、保育者の「養護」の働きかけが見てとれます。「保育所保育指針　第1章の2」および「保育所保育指針　第2章の1」を参考にしながら考えてみましょう。

　母親から別れ泣いてしまっているこの場面で、もしまだ言葉がわからないからといって、もしヨウコ先生がAちゃんを抱っこするだけで何も言葉もかけずにいたとしたら、それは乳児に対する「養護」の働きかけとしてふさわしいものとはいえないでしょう。ヨウコ先生は、お母さんと別れるAちゃんの心情を察しながら「泣けちゃうよね」と代弁し、Aちゃんが保育所での1日を気持ちよくスタートできるようにAちゃんのお気に入りの歌を口ずさんで楽しく心地よいリズムに誘っていました。
　乳児保育において子どもを「主体として受けとめる」とは、まずこのように子どもの存在を認め、言葉にできない子どものさまざまな気持ちを察し受けとめ、その欲求を満たそうと愛情をもって関わることだといえます。こうした関わりを通して、乳児は保育者に基本的信頼感を抱き、保育者との間に愛着関係※が形成されていきます。そして乳児は、愛着関係が形成された大人を安全基地として、「身近な環境へ興味や関心を持って関わ」(2)り、探索を始めることができるようになるのです。

(2) 応答的な関わり
　乳児保育においてもうひとつ重要なことは、「応答的な関わり※」

補足

愛着関係
　ボウルヴィは、乳児期に重要な他者とのあいだに相互に情緒的な絆（愛着）を形成することが、人への基本的信頼感をもつことや自分への自信につながるとしている。

(2)「保育所保育指針」第2章の1より抜粋。

補足

応答的な関わり
　「保育所保育指針」第2章の1には、「応答的な関わり」の重要性が繰り返し述べられている。

です。「保育所保育指針」第2章の1には、「乳児期の発達については、視覚、聴覚などの感覚や、座る、はう、歩くなどの運動機能が著しく発達し、特定の大人との応答的な関わりを通じて、情緒的な絆が形成されるといった特徴がある。これらの発達の特徴を踏まえて、乳児保育は、愛情豊かに、応答的に行われることが特に必要である」と書かれています。では、「応答的な関わり」とはどのような関わりでしょうか。以下のワークと事例を通して考えていきましょう。

ワーク

事例2

　離乳食の時間。食べることが大好きな9ヵ月のBちゃんは嬉しくて食事机を両手でバンバン叩いて興奮気味です。勢い余って、スプーンが下に落ちてしまいました。ヨウコ先生は、それに気づくと「あらあら〜、Bちゃん,スプーン落ちちゃった！あらあらあら〜」と楽しげに声をかけながら拾ってBちゃんに渡します。するとBちゃんは大喜びでヨウコ先生に満面の笑みを向けます。そして、拾ってもらったスプーンをもう一度、今度はわざと落としてヨウコ先生の顔を見上げます。するとヨウコ先生も、「あら？Bちゃん？落としましたね〜」といたずらっぽくBちゃんに微笑み、また拾い上げBちゃんに渡してあげます。Bちゃんは足をバタバタさせて嬉しそうです。

　事例2には、保育者による「応答的な関わり」によって、Bちゃんとの間に気持ちのつながりができる様子が見てとれます。「保育所保育指針第2章の1」を参考にしながら、乳児にとって「応答的な関わり」がなぜ重要なのかを考えてみましょう。

　乳児保育では、こういった食事や哺乳の援助の他にも、オムツ交換、午睡の寝かしつけや衣類の着脱など、生活面での援助が保育の重要な場となります。保育者には、一般的には単に身の回りの「お世話」とも捉えられがちなこれらのことを「育てる」いとなみとすることが求められます。その鍵となるのが「応答的な関わり」です。

もしこの場面で、ヨウコ先生がBちゃんのスプーンをただ何気なく無言で拾い机に戻すだけだったら、事例2の展開のようにヨウコ先生とBちゃんの間に楽しい気持ちは共有されたでしょうか。ここでヨウコ先生は、偶然落ちたスプーンを楽しげに応答しながら拾い上げ渡してあげています。先生のこの対応が嬉しくて、Bちゃんはスプーンをもう一度わざと落としてみて、先生とのやりとりを楽しむことになりました。ただ単にスプーンを拾い上げるだけではこのやりとりは生まれなかったでしょう。

　Bちゃんにとって、自分がしたこと（偶然にしてもスプーンが落ちた）に他者が愛情をもって対応してくれることは、自分の存在への意識や有能感、肯定感をもたらします。機械的な対応ではなく、ヨウコ先生のように愛情を持った応答的な対応によって、乳児は自分への自己効力感や他者への信頼感といった、人が生きていくうえで大切な部分を育んでいくことができるのです。

　これは、オムツ交換やミルクを与えるときも同様です。単にオムツを替える、ミルクをやる、というのではなく、「お尻気持ち悪かったね」、「お腹すいたね〜」など、乳児の気持ちを代弁しながら愛情をもって関わることで、乳児は今自分が感じている状態が「不快である」のか「嬉しいのか」など自分の内的状態を理解していきます。このように、言葉の未発達な乳児だからこそ、目を合わせたり、優しく声をかけたり、心地よいリズムに誘ったりするような愛情豊かな応答的な関わりが特に重要となるのです。

3　1歳以上3歳未満児の保育

　1歳以上3歳未満児の保育の内容は、3歳以上児の保育の内容と同様に「保育所保育指針」において、「健康」「人間関係」「環境」「言葉」「表現」の5領域で示されています※。しかし、3歳未満児はまだまだ安全基地である保育者が拠り所であり、大人の援助が必要なことが多いという点で、3歳以上児に比べ「養護」の働きかけが重要となる場面が多いといえます。

　とはいえ、乳児期と比較すると、自我が発達し「自分」という意識も明確になることで、強く「自分」の存在を他者に主張し認めてもらおうとするようになります。また、徐々に周囲の子どもへの関心も高まり、関わることを楽しむ一方でものの取り合いなどいざこざも生じるようにもなります。こうした場面で子どもが体験していることのなかには、「教育」の5つの領域に関わる側面が含まれてくるようになります。それでは、この時期の特性を踏まえた保育とは一体どのようなものなのでしょうか。

(1) 自我の芽生え

　この時期の発達の特性としてまず挙げられるのは自我の芽生えです。自分が他者とは異なる存在としての自分であると意識し始めるのは1歳半頃だと考えられています※。自我が芽生え始めると、何でも「自分でしてみよう」とする気持ちが全面に押し出されてきます。それは、とても願わしい姿だといえます。ただ、「自分で」という思いはあっても、まだ3歳未満児では大人の援助が必要なことが多いのが実際です。

　そのため、保育者は「保育所保育指針」第2章の2に「保育士等は、子どもの生活の安定を図りながら、自分でしようとする気持ちを尊重し、温かく見守るとともに、愛情豊かに、応答的に関わることが必要である」と示されているように、子どもの「自分で」という意欲を尊重しながら必要な援助をしたり見守ったりすることが重要となります。「まだできないだろう」とすぐに援助するのではなく、結果的にまだできなくても、「やってみよう」とする気持ちを保育

補足

乳児保育に関わる保育の内容

　これにはまだ5領域は出てこない。「健康な心と体」、「身近な人との関わり」、「身近なものとの関わり」という3つの観点からねらいが示されている。

補足

ルージュテスト

　鏡に映った、口紅のついた自分の姿を自分だと認識できているかを判断するテストをいう。1歳半頃から、自分の顔についた口紅を取ろうとするようになる。

者に受け止めてもらえることを通して、子どもは自己肯定感を育んでいきます。次の事例を通してこの時期の保育を考えてみましょう。

事例3

　午睡から起きたCちゃん（2歳4ヵ月）。アキコ先生はまだ少し眠そうなCちゃんがスモッグを着るのを手伝っていました。両腕を袖に通すところまでは、体をアキコ先生に預けて着せてもらっていたのに、「さあ、ボタン留めようね」と先生がボタンに手をかけると、突然「いや！」と体をひねり嫌がります。自分でボタンのあたりを掴み先生に触らせようとしません。それを見てアキコ先生は、「Cちゃん自分でやりたいんだね」と手伝うのをやめました。すると、Cちゃんは、何回か失敗しながらもボタンを留めることができ得意げです。アキコ先生は「Cちゃん、すごいねえ、自分で留めれたね！」と笑顔で応じると、「ちぇんちぇいも！」と次のボタンは先生に留めるように促しました。「先生も？　じゃあ留めようかな？」とアキコ先生がボタンを留めてあげると、Cちゃんは満足げな表情になり先生と一緒にスモッグを着終えました。

　2歳頃になると、自我はますます育ち、その表れとして強く<u>自己主張</u>する姿がみられるようになります。しかもそれは、何に対しても「いや！」という強い否定の態度として表れるのが特徴です。これが2～3歳頃の<u>第一次反抗期</u>と呼ばれ、大人も困ってしまうほどの手ごわさです。

　事例3でも先生に手伝ってもらっていたCちゃんは、一転「いや！」と先生の援助を拒みました。これに対してヨウコ先生が、「まだ時間がかかるから先生がやる」等、Cちゃんの「自分で」の思いを潰してしまったらどうでしょうか。ここでヨウコ先生は、Cちゃんがまだ完璧にできないことも理解しながらも、Cちゃんの思いを受け止めできた喜びを共有しています。こうした受容的な関わりがあるからこそ、子どもは保育者の下で意欲や<u>自尊感情</u>を育み、達成感や満足感を得ることを通して主体的な活動を広げていくことができといえるでしょう。

> **補足**
>
> 第一次反抗期
> 「イヤイヤ」が多くなり、大人にとってはその対応の大変さから「魔の2歳児」とも呼ばれることもある。

第一次反抗期は、ただ単に「大人の言うことを聴かなくなった」というネガティブなことではなく、「自分」という存在を意識できるようになったからこそ、自分への手応えを感じようとする、いわば成長の表れなのです。まだ自分の思いを言葉で正確に伝えることが困難なため、簡単な「イヤ」という言葉で自分の存在を主張しているのです。したがって、保育者にはその成長を支え導くように、子どもの思いを尊重しながら保育することが求められます。

(2) 他の子どもへの関心

　また、1歳以上3歳児未満児が乳児期と大きく異なるのは、保育者を安全基地としながらも徐々に周りの友だちに興味をもち関わり始めることです。

　本章第1節でも紹介しましたが、この時期の遊びの形態は、<u>平行遊び</u>と呼ばれるものです。これは、同じ場所にいてもそれぞれが別々の遊びをしている姿ですが、徐々におもちゃを媒介にして他の友だちとも関わろうとしていきます。この時期には保育者が友だちとの間をつないであげることで、他の子どもたちとの関わり方を学んでいきます。

■ワーク

事例4

　自由遊びの時間、Dちゃんは熱心にブロックを積み上げて遊んでいます。そこへEちゃんがやってきました。Eちゃんは初めDちゃんの様子をじっとみつめていましたが、Dちゃんのブロックが高く積み上がってきたとき、突然立ち上がり、ブロックを崩してしまいました。Dちゃんは突然の出来事に泣き始め、Eちゃんをたたいてしまいました。叩かれたEちゃんも泣いてしまい、2人揃って大泣き状態です。

　もし、あなたが担任の先生だとしたら、事例4においてどのように対応しますか。「保育所保育指針」第2章の2にある「イ　人間関係」を参考にしながら考えてみましょう。

補足

発達を支える遊び

　この時期の発達を支えているのは、「模倣」や「ごっこ遊び」である。模倣とは大人や他の子どもの行動と同じような行動をとることで、新しい言葉や行動を習得する。また、2歳頃からはそれまでの「見立て遊び」から、役割のある「ごっこ遊び」へ移行し、社会性を学んでいく。

5章　発達と保育との関係

　友だちに関心をもちはじめたとはいえ、3歳未満の子どもにとってまだ自分たちだけでうまく関わり合うことは難しいのです。事例4のようなやりとりや、ものや場所の取り合いは、この時期日常茶飯事といえます。ここで保育者に求められるのは、「保育士が仲立ちとなって、自分の気持ちを相手に伝えることや相手の気持ちに気づくことの大切さなど、友達の気持ちや友達との関わり方を丁寧に伝えていくこと」(3)です。

　幼児期の子どもの世界の捉え方（認知）には、**自己中心性**※という特徴があります。これは、大人が他者を軽視して利己的な行動をする自己中心的なあり方とは異なるものです。この時期の子どもの発達は、自己と他者の認識がまだ十分ではありません。他者は自分とは異なる存在で、他者には他者の考え方や気持ちがあるということを理解するのがまだ難しい認知のあり方を自己中心性というのです。

　保育者はまず、この自己中心性ゆえに物の取り合いなどのいざこざが生じることを理解することが大切です。そのうえで、双方の思いを受けとめながら相手はこう思っているということを丁寧に伝えていくことが重要です。この関わりを通して、子どもは、他の子どもの思いに気づき他者と関わる力を身につけていきます。

(3)「保育所保育指針」第2章の2「イ　人間関係」より抜粋。

 人名

Jピアジェ
(1896-1980)
　ピアジェはスイスの心理学者で、子どもの認知発達について、4つの段階を経て発達するとした。2〜7歳にかけては、「前操作期」と呼ばれ、その時期のひとつの特徴として「自己中心性」がある。

4　3歳以上児の保育

　3歳から6歳にかけては、運動機能や言葉、知的能力や社会性が著しく発達していきます。この時期の保育においては、「個の成長と集団としての活動の充実が図られるようにしなければならない」(4) とあり、友だちや仲間との「協同的な活動」のなかでの育ちを意識していくことが重要です。「協同的な活動」とは、「幼児同士が保育者の援助の下で、共通の目的、挑戦的課題などひとつの目標をつくり出し、協力して達成していく活動」のことをいいます※(5)。

(1) 友だちとの関わりのなかで育つ3歳以上児

　3歳児になると、保育者1人が担当する子どもの人数がそれまでよりもぐんと増えます。3歳未満児では保育者との関わりがまだ中心だったのが、友だちとの関わりの充実へと移行していく時期なのです。友だちへの興味や関心が高まり、友だちと一緒に活動することの楽しさを味わうことを通して、仲間のなかの1人という自覚や仲間意識が芽生えてきます。

　同時に、友だちと積極的に関わるからこその葛藤や衝突も体験することになりますが、こうした体験を通して、子どもは自分とは別の他者という存在に気づき、自分の気持ちを調整する必要性や、他者への思いやり、道徳性や規範意識などの社会性を学んでいきます。

　こうした友だち関係のなかで、「自分は自分だけれども友だちのなかでの自分でもある」という「個の成長」が可能となり、同時に自分や友だちのよさを互いに尊重し合うことが「集団」としての育ちにつながります。

(2) 友だち関係の深化

　幼児の発達において、4歳は大きな発達的変化の時期ということができます。それは、人にはそれぞれの心があり、それぞれの心に従って感じたり、欲したり、考えたりしている、ということを理解する「心の理論」の獲得です。他者には他者の心があることの理解は、友だちとの関わりに大きな変化をもたらします。たとえば、

(4)　「保育所保育指針」第2章の3「基本的事項」より抜粋。

(5)　今井和子『遊びこそゆたかな学び』ひとなる書房、2013年、p.85.

補　足
心の理論
　「心の理論」を獲得しているかをみる課題として代表的なものに「誤信念課題」がある。これは、他者が事実とは異なる思い込み（誤信念）に基づいて行動することの理解を調べるものである。研究では4歳くらいからこの課題に正解するようになるといわれている。

5章　発達と保育との関係

相手の気持ちを推し量って思いやったり、自分と他者の気持ちの違いに気がついて、我慢したり譲ったりする姿がみられるようになります。

次のワークと事例5で4歳児の姿をイメージし、その保育のあり方について考えてみましょう。

ワーク
事例5

　AちゃんとBちゃんは最近おままごと遊びが大好き。自由遊びの時間になるといつもおままごとをしていました。しかし、いつもAちゃんは「Bちゃんは妹役で、Cちゃんは子ども役ね」と一方的に役を振り分けてしまっていました。この日もおままごと遊びが始まり、Aちゃんが「Bちゃんは妹役で、Cちゃんはお姉さん役ね」と決めてしまいました。すると、Bちゃんは小さな声で「えー」とつぶやきましたが、それ以上は何も言えませんでした。

　それを横で見ていたヨウコ先生が、「Bちゃん、何かやりたい役あったのかな？」と尋ねると、「うーん」と言いにくそうでしたが、しばらく待ってみると「本当はお母さん役がやりたい」とポツリと口にしました。するとAちゃんも「えー、私だって」となかなか納得できずにいたので、ヨウコ先生が「Aちゃんはさっきお母さん役になっていたね。Bちゃんもお母さん役したくなっちゃったみたいよ。2人ともお母さん役やりたいのだから、順番にしたらもっと楽しく遊べるんじゃない？」と提案すると、しばらく考えて「じゃあいいよ、Bちゃん、お母さんね、順番こ」とAちゃんは言い、譲ることができました。ヨウコ先生が、「Aちゃん、交代できたね。Bちゃん、良かったね」とそれぞれに声をかけると、2人はまた楽しくおままごとを続けることができました。

　事例5で、AちゃんとBちゃんそれぞれが葛藤を経験しています。出来事の流れに沿って2人の心の動きを想像してみましょう。

4歳になると、友だち関係のなかで力関係が表面化し、Aちゃん

のように強く自己主張する子もいれば、いろいろ感じてはいてもそれを伝えられないBちゃんのような子も出てきます。発達の個人差が大きくなるこの時期だからこそ、保育者は、お互いが仲間であることを認識し合えるよう、それぞれの子どもの育ちの姿を尊重し、それぞれが自分の思いを伝え合う場をつくることが重要となります。ヨウコ先生のような援助を通して、この時期に重要な「自分の思ったことを相手に伝え、相手の思っていることに気づく」(6)ことを学び、自分の思いをコントロールしていく力を身に付けていきます※。

　子ども1人ひとりが遊びのなかで自己発揮でき、遊びのなかで充実感を味わえれば、友だちと一緒に遊ぶことの楽しさから、その遊びを継続するために他者の気持ちを察したり、譲ったり、思いやりをもつことの大切さに気づいていきます。この時期にこうした経験の場をもつことで、「共通の目的を見出し、工夫したり、協力したりなどする」(7) 5～6歳にかけてのより「協同的な遊び」につながっていきます。

(3) 子ども同士で解決する力

　5～6歳児では、第1章の1節で挙げた遊びの形態は、「協同遊び」へ移行します。「協同遊び」とは、共通の目的をもってルールや役割分担を決め協力する遊びのことをいいます。年長児ではこうした遊びを通して他者と何かをやり遂げることを学び、自分たちの生活は自分たちで作るという主体性を育てていくことが重要です。この時期の子どもたちの姿を事例6を通して考えてみましょう。

事例6

　年長組では、七夕会でやる劇「カイロ団長」(8)の練習をしています。1人ひとり役とセリフがあるものです。練習が始まったものの、まだみんな自分のセリフが覚えられず、スムーズに劇が展開していきません。それぞれが劇の流れとは関係なく自分のセリフを確認したり、なかなか集中できない子もいます。アキコ先生は、この様子を見て、「みんな練習なかなか進まないね。どうしたらうまく練習が進むかな？」とみんなに向かって問いかけました。すると、ばらば

---

(6)「保育所保育指針」第2章の3「イ 人間関係」より抜粋。

 補　足

自己制御
　自己をコントロールすることを「自己制御」といい、「自己制御」には、「自己主張」の側面と「自己抑制」の側面がある。

(7)「保育所保育指針」第2章の3「イ 人間関係」より抜粋。

(8) 宮沢賢治作、村上勉（絵）『カイロ団長』、偕成社、1992年

らだった子どもたちが互いに顔を見合い、「遊ばなーい！」「変なことしゃべらなーい！」「覚えてる子が教えてあげる！」など意見が飛んできました。アキコ先生は、笑顔で「そうだね、じゃあみんな今決めたことできるかな？」と聞くと、「じゃあ、もう1回最初からやろう！」と誰かから声がかかり、劇の練習の再開です。今度は、みんな真剣な顔つきでセリフを忘れて止まってしまったとき、同じ役の子や他の子のセリフも覚えている子が教えてあげたり、各自の立ち位置を確認したりして劇の練習を進めることができました。

　事例6は、お互いに協力しながら「自分たちの劇」をつくり上げていく場面です。アキコ先生は、なかなかまとまらないクラスのみんなに「どうしたらいいの？」と問いかけました。年長組になると保育者が解決の導きをしていたそれまでとは異なり、子どもたち自身に考えさせ、問題の解決の過程を見守ることが大切になります。保育者には、話し合いの活動を導く援助が求められるのです。

　問いかけに対して考えることができるのは、年中から年長にかけての、言語機能の発達やものごとを客観的に見る力の発達が背景にあります。それまでの他者とのやりとりのための言葉（外言）※から、自分自身の内面で自分と対話する言葉（内言）※をも操れるようになることで、問題を主題化し、自分がどうすればよいか思考を組み立て、行動を調整することができるようになるからです。

　クラスの仲間でどうすればよいかの話し合いを経て達成された活動は、「自分も仲間の1人」というクラスへの帰属意識を形成します。自分だけではなく、仲間とやるから楽しいという経験を積み重ねるなかで、集団のなかでも自己発揮できる自分というものを育んでいくのです。

（藤井真樹）

 補足

外言と内言

　外言と内言の発達の理論は、第1節の「発達の最近接領域」の理論を示したヴィゴツキーによるものである。

確認テスト

問題1

次の文章は、「保育所保育指針」の一部です。空欄に当てはまる用語を埋めなさい。

ア　乳児保育は、（　　　　　　）に、（　　　　　　）に行われることが特に重要である。

イ　1歳以上3歳未満児の保育では、保育士等は、子どもの生活の安定を図りながら、（　　　　　　）気持ちを尊重し、温かく見守るとともに、愛情豊かに、応答的に関わることが必要である。

ウ　3歳以上児の保育では、仲間と遊び、（　　　　　　）という自覚が生じ、（　　　　　　）や（　　　　　　）も見られるようになる。これらの発達の特徴を踏まえて、この時期の保育においては、（　　　　　　）と（　　　　　　）の充実が図られるようにしなければならない。

問題2

Aちゃんは、2歳2ヵ月、最近は、なんにでも「いや！いや！」と言って、お母さんは困り果てています。もしあなたが保育者なら、このお母さんにどのような対応をするか、自分の意見をまとめなさい。

………
………

問題3

子どもたちの「協同的な遊び」では、どのような状況が生じる可能性があるだろうか。また、この経験を通して、子どもたちは何を学ぶだろうか、考えてみよう。

………
………
………
………
………
………

6章 欧米の保育の思想と歴史

POINT
- 「子ども」として存在することの価値が見直された。
- 子どもの自然な成長を支えるような環境を整える教育が重要視された。
- 「児童中心主義」や「新教育運動」では、発達の連続性や子どもの興味に即した学びが重視された。
- 社会の状況に応答するための保育施設が、さまざまな場で展開された。

1 子どもの発見と近代教育の誕生

「学校」や「教育」※というものは歴史上、古くから存在しましたが、とくに18世紀後半以降の近代欧米（西洋）社会においては、社会のなかで「子ども」が価値ある存在として注目されるようになり、乳幼児のための教育論や施設が構想されるようになります。

(1) 近代教育の父・コメニウス

その出発点として重要となるのが、コメニウス（Comenius, J. A. 1592‐1670, チェコ）です。コメニウスは、西洋教育史上はじめて、幼児期の教育がその人の生涯を規定する重要なものであることを系統的に論じた人であるといわれています。

コメニウスは、教育学史上最初の体系的な教育学書とされる『大教授学』（1657）を執筆し、連続的・発展的で組織的な学校教育の機会が、貧富の差に関係なく等しく与えられる必要があることを強調しました。

たとえば彼は、誕生から6歳までの幼児期の教育について、子どもは「母親学校」において「母親の膝の上」で教育されることが必要であり、子どもを教師に委ねるべきではないと考えていました。「母親学校」での学びについては、『母親学校指針』（1633）に示さ

> **補足**
> 「学校」や「教育」
> たとえば、スパルタやアテネといった古代都市国家での教育や、中世における大学など、さまざまな教育制度や教育施設がある。

> **補足**
> 『大教授学』が示すもの
> 『大教授学』の扉には、「あらゆる人にあらゆる事柄を教える普遍的な技法を提示する」という彼の考えが示されている。この考えは「汎知体系」（パンソピア）という思想としても知られている。

87

れており、敬虔な心や道徳、健康などの知識を親は子どもに教える必要があると考えていました。

そして、そうした知識を教える際には、実例から感覚を通して学ぶことが重要であるとコメニウスは主張します。その考えは彼が作成した、絵本のはじまりとも評価される世界最初の絵入り教科書『世界図絵』（1658）にも表れています。

(2) ルソーによる「子ども」の発見

18世紀のフランスでは、市民階級の台頭や出生率の減少によって子どもへの関心が高まり、親の関心が子どもの将来への配慮へと向けられるようになりました。そうした社会状況のなかで、ルソー（Rousseau, J. J. 1712 - 1778，フランス）※は、架空の少年エミールを主人公にした教育小説『エミール』（1762）を執筆し、子どもの発達段階に目を向けることの重要性や各段階に適した教育のあり方などを示しました。

『エミール』※のなかでルソーは、子どもを「小さな大人」としてではなく、大人とは違った特有のものの見方や考え方、感じ方をもった存在であると主張しました。ルソーにとって子どもとは、発達の可能性や善さをもって生まれてきた存在であり、そうした可能性や善さを自然に伸ばしていくことが、教育の役目であると考えられていました。

それゆえ、大人が子どもに早くから指導を含めた干渉を行うことは、ルソーによると、不必要であるどころか、かえって有害なことであると捉えられていました。そうした指導を極力避けるような理念にもとづく彼の教育は、消極教育とも呼ばれます。ただ、「消極教育」といっても、それは教師や大人が子どものわがまま勝手を放置するというような放任を意味するわけではありません。

たとえば、道徳や真理については積極的に教えることはしないものの、幼児期に感覚の訓練を行い、少年期に肉体の訓練を行うことは重要であるとルソーは捉えていました。つまり、書物や言葉によ

人名

ルソー
ルソーは『社会契約論』の著者としても有名だが、「むすんでひらいて」の作曲家としても知られる。

補足

『エミール』の教育理念
『エミール』の冒頭にある「万物をつくる者の手をはなれるときすべてはよいものであるが、人間の手にうつるとすべてが悪くなる」という一文には、彼の教育理念が端的に表れている。

6章　欧米の保育の思想と歴史

る教育は極力避けつつも、経験的な教育を重視するということが、「消極教育」のあり方だと考えられていたのです。

教師や大人には、子どもがさまざまな経験を得ながら、自然の歩みにしたがって成長できるように環境を整えるとともに、そのために必要な頭や手足、目などの感覚器官が十分に発達するように訓練していくことが求められました。こうしたルソーの思想は、その後、ペスタロッチやフレーベルの思想にも影響を与えました。

(3) 人類の教師・ペスタロッチ

ルソーの教育思想に影響を受けたペスタロッチ（Pestalozzi. J. H. 1746 - 1827, スイス）は、ノイフォークの貧民学校やシュタンツの孤児院で民衆教育を実践した教育実践家でした。産業革命の影響を受けたスイスの農村では、土地を手放し借金苦に追われる家庭が増え、自分の子どもの教育をおろそかにしてしまうという状況がみられました。ペスタロッチは、貧民の不幸を救い、立ち直らせる基本的手段となるのが教育である、と考えていました。

彼にとって教育の原点は、愛や信頼、感謝に満ちた家庭のなかにあり、学校教育は家庭教育の延長に位置づけられるものと考えられていました。ペスタロッチが書いた教育小説『リーンハルトとゲルトルート』（1781 - 1787）においても、温かく安らぎのある家庭の重要性が説かれており、それは居間における母と子の関係から生まれると捉えられていました。

ペスタロッチにとって教育は、日常生活を通して展開されるものであり、子どもの「頭・心・体」の資質や能力を自然の道理に即しながら調和的に発達させることが目指されていました。彼のそうした教育理念は、晩年の著書『白鳥の歌』（1826）のなかにある「生活を陶冶（とうや）する」という言葉に集約されています。

さらに、労働に多忙で乳幼児を連れて働かなければならない母親が安心して働けるように、「貧民児童救済所」と呼ばれる保育施設を設け、理解しやすい事物や自然を重んじる「直観教授」を行うこ

> **補足**
> 人間観・教育観
> ペスタロッチがこのように考える背景には、人間はすべて生まれながら平等な人間性をもった存在であるという人間観がみられる。『隠者の夕暮』（1780）の冒頭にある「王座にあっても木の葉の屋根の蔭に住んでいても同じ人間、その本質における人間、人間とはいったい何であるか」という問いかけには、彼の人間に対する平等観が強く表れている。

> **補足**
> ペスタロッチの教育理念
> 子どもが生活のなかで活動を通してさまざまな能力を発達させてゆくというペスタロッチの教育理念は、日本においても倉橋惣三（7章2節参照）の生活保育論や、留岡幸助によって創設された北海道家庭学校の養育実践にも深く影響を与えている。

89

とをペスタロッチは構想していましたが、その実現はかなわぬまま、生涯を閉じました。

不幸な境遇におかれた子どもたちを信頼し、常に味方であり続け、子どもたちと共に生きる教師であったペスタロッチの姿は、彼の墓碑に刻まれている「人類の教師」と呼ばれるにふさわしいものだったといえます。

(4) フレーベルによる「幼稚園」の創立

ペスタロッチに直接指導を受けたフレーベル（Fröbel. F. W. 1782 - 1852, ドイツ）は、世界で最初の「幼稚園（Kindergarten）」を創設し、同時に女性の幼稚園教師養成を手がけ、子どもの教育に関する専門職を確立するための努力を行いました。

主著『人間の教育』（1826）のなかでフレーベルは、子どもの本質を神的なもの（永遠の創造性）として捉え、その展開を保護し、手助けする必要性を主張しました。ペスタロッチと同じように、フレーベルの教育は、子どもの心の内にあるものを引き出し、人間の発達を連続的なものとして捉え、はぐくんでいくことを特徴とする教育でした。

子どもの内にあるものを引き出し、はぐくんでいくためにフレーベルがとくに重視したのが、「遊び」（Spiel）でした。乳児の感覚器官や手足の活動は、形成衝動や活動衝動と呼ばれる衝動の最初の芽であり、幼児の積み木遊びなどはそうした衝動の最初の開花になるとフレーベルは考えていました。

補足

幼稚園

フレーベルの幼稚園の特徴は「庭」（Garten）をもつことである。洞察の優れた園丁のもとにある庭でさまざまな植物が自然の原理に即して育てられるように、専門教育を受けた保育者によって人間という最も高貴な植物が自然と自己との一致において教育されるように、という意味が込められていた。

第一恩物（六球）　第二恩物（三体）　第三恩物（積み木）

図6-1　恩物

そして、このような子どもの創造的な自己活動をはぐくむための教育的遊具として、フレーベルは「恩物」(Gabe)※を考案しました。「恩物」とは「神から子どもへの贈り物」を意味し、20種類におよぶ恩物が考案されました。子どもたちは恩物を通して神の働きを知り、創造力や思考力など、さまざまな能力を発達させることができると、フレーベルは考えていました。

また、ペスタロッチと同様にフレーベルも、幼児教育における母と子の関係を重要なものであると捉えていました。『母の歌と愛撫の歌』(1844)は、幼稚園に入る前の子どもをもつ母親のために書かれたもので、母親が遊戯や歌を通じて子どもを育てることは、子どもの幸福にとって意味深いだけでなく、母親自身に平静をもたらすものでもあると考えられていました。

2 児童中心主義と新教育運動

先にみたとおり、18世紀後半以降の近代欧米（西洋）の社会では、社会のなかでの「子ども」の価値が見直され、それによって、幼児期の子育てや教育のあり方について、さまざまな考えがみられるようになりました。ルソーをはじめとする、子どもの育ちに合わせて教師や大人が環境を整え、発達の連続性を支えるような教育のあり方は、その後「児童中心主義」や「新教育運動」といった流れへと引き継がれることになります。

(1) エレン・ケイと『児童の世紀』

スウェーデンの女性思想家であり、平和主義者でもあるエレン・ケイ（Key E. 1849-1926, スウェーデン）は、『児童の世紀』(1900)を執筆し、その冒頭を「20世紀は児童の世紀である」というアピールで飾りました※。当時、軍備に汲々としている各国をみて、新しい世代が平和な世界となるためには、新しく生まれ育つ子どもに対する教育からはじめるべきことを訴え、児童中心主義教育を提唱しました。

彼女は形骸化していた当時のフレーベル主義的な幼稚園を批判し、

補足

恩物
　20ある恩物のうち、第1恩物から第10恩物までが恩物と呼ばれ、第11恩物から第20恩物までは手技工作と呼ばれている。具体的には、六球（第一恩物：「統一」の法則を表す6色の毛糸のボール）、三体（第二恩物：球・円柱・立方体からなる）、立方体の積み木（第三）、直方体の積み木（第四）と続いていく。

補足

ケイと婦人運動
　ケイは『児童の世紀』のなかで、当時の女性労働や、結婚問題、女性の権利問題などの社会問題について、母性の保護や母親が核となる家庭の推奨、「健康」な子どもを産むための優生思想の普及や法制化によって解決しようとする思想を唱えており、自由主義教育だけでなく大正期の婦人運動にも影響を与えている。

幼稚園での教育よりも家庭での教育の重要性を主張していました。ただ、家庭の外で働く母親や、育児の意欲や能力のない母親、遊び友だちのいない子どもにとって幼稚園が必要であるということは認めていました。彼女は、そうした子どもたちにとって、自分の遊び方をみつけることができる自由のある場所として幼稚園があるべきであると考えていました。

　また、ケイにとって理想的な学校は、体罰や強制をともなう知識詰め込み型の教育ではなく、多くの選択科目のなかから子どもたちが自分の個性と興味に応じて科目を自由に選び、試験ではなくレポートや対話による評価を取り入れ、手仕事や芸術も重視するような場として描かれていました。そうした場と、家庭的で自然豊かな環境のなかで、社会のルールも教えつつ子どもの自主性を尊重するような教育が、彼女の児童を尊重する教育として考えられていました。彼女の教育観には、モンテーニュや、ルソー、ペスタロッチなどからの影響が反映されていますが、彼女の思想の中心は、児童の尊厳とその権利を主張した点にあります。

　また、『児童の世紀』は大正時代に日本で全訳され、次にみるデューイの思想とともに、当時の日本の自由主義教育思想に影響を与えました。

(2) デューイと経験主義

　ジョン・デューイ（Dewey, J. 1859 - 1952, アメリカ）は、アメリカ東北部のバーモント州に開拓移民の子孫として生まれ、後にシカゴ大学の哲学・心理学・教育学の主任教授となり、1896年にはシカゴ大学に「実験学校※」を開設しました。また、『民主主義と教育』(1916) のなかでは、教育の意義や目的、教授法、教育内容に関して述べ、「教育のすべては児童から始まる」と主張しました。

　デューイは人間を経験的な存在と捉え、環境との相互作用が経験の基本であると考えていました。また、ヨーロッパのルソー流の児童中心主義とは異なり、子どもを取り巻く社会的環境の教育力を、

実験学校
　実験学校での実践報告が『学校と社会』(1899) にまとめられている。

子どもの成長に必須のものと捉えました。さらに、プラグマティズムの立場から、新しい社会は子どもの興味・関心・表現・作業などに考慮し、子どもが「なすことによって学ぶ」（learn by doing）という経験主義、実験主義を教育の基本原理としました。

デューイが教育学の方法上、貴重な遺産として残したものに、「問題解決学習」というものがあります。これは、学習の出発点は子どもの現在の経験にあり、知識は子ども自身の探究活動によって獲得される、とするような学習のかたちを意味しています。

また、そうした学習は「生活」と密接に関わっていることから、裁縫や料理、木工や機織といった「仕事」（occupation）が学校での活動のなかに取り入れられました。実験学校では、4歳から8歳までを対象とした最初の4年間を第一段階として、各年齢に応じた「仕事」が日課として考案されていました。幼児期は、手作業や大工仕事などを中心とした直接的な活動の時期として、位置づけられていました。

このようにデューイは、新教育運動の先駆者として、社会的危機の時代に、経験を通した教育、そして教育を通じた社会の変革を課題としていたのです。

(3) モンテッソーリと「子どもの家」

モンテッソーリ（Montessori M. 1870－1952, イタリア）は、イタリアで最初の女性医学博士であると同時に、「子どもの家」（Casa dei Bambini）と成長・発達手段としてのモンテッソーリ教具を通して、独自の保育・教育思想（モンテッソーリ・メソッド）を展開しました。

モンテッソーリの教具は、子どもの成長・発達の手段として意義づけられており、精神的集中を呼び起こす媒体であり、単なる刺激物ではなく、子どもが自発的にそれを繰り返し使うことに意義があると捉えられていました。また、教具自体が順序性をもって体系化されているため、月案、週案、日案などを必要とせず、共通の教具

補足

プラグマティズム

「プラグマティズム」とは、行動を意味するギリシャ語「Pragma」から作られたことばである。行動を重要視して、観念の意味と真理性は、それを行動に移したときの有効性によって明らかにされるとする立場を指す。

補足

仕事

デューイは「仕事」の条件として、①心が奪われるほど集中して取り組める、②人間が協力し合いながら自分たちの生活をよりよくしてきたことがわかる、③子どもたちが協同して活動体験ができる、といった点を挙げていた。

カリキュラムによって1人ひとりの子どもを教育することができるようになっていました。

　モンテッソーリは、ローマ大学の医学部を卒業後、フランスの近代精神薄弱児教育の先駆者の1人であり、とくに重度の知的・発達障害の教育と研究の先駆者であったセガン（Sèguin, E. O. 1812-1880）のもとで知的障害児の教育にたずさわり、効果をあげました。その後、こうした治療教育の方法は健常児の教育に普遍的に適用されるべきであるという確信のもとに、ローマ大学の哲学科に再入学し、実験心理学、教育学、文化人類学などを学びました。その後、ローマ大学の教授として文化人類学を講じていましたが、1907年にローマ住宅改良協会から「子どもの家」の監督として指導を任されることになりました。

　19世紀末から20世紀初頭にかけてのイタリアでは、都市化現象によって多くのスラム街が発生し、失業者があふれ、犯罪と非行が社会問題となっていました。そこで政府は住宅改良により無法状態を予防することを目的として「ローマ住宅改良協会」を設立しました。その事業のひとつとして、共用住宅の一部に設けた保育所が（2歳半から6歳までを対象とした）「子どもの家」でした。

　当初の協会の意図は、親の留守中に、新築の家屋が子どもに汚されたり、傷つけられたりすることを防ぎ、保護者が安心して就労できるようにすることにありましたが、モンテッソーリにとっては、この「子どもの家」は自分の教育に関する仮説を実験するチャンスでした。そして、そこでの実践は大きな成果をおさめ、『子どもの家の幼児教育に適用された科学的教育の方法』（1909）にまとめられ、3年後には英訳されて『モンテッソーリ・メソッド』（The Montessori Method）として広く世界で注目されることになりました。

　モンテッソーリの保育思想としては、次の5点が重要であると考えられています。1つ目は「子どもに自由を保障し、自己教育を援助すること」です。科学的教育学の研究は自由な子どもの観察からスタートすべきであり、正しい幼児理解は子どもの自由を保障し、自己教育を援助することから始まると、モンテッソーリは捉えていました。そうした捉え方の背景には、子どもは、大人に秩序を押し

補足

セガンの障害児教育

　アヴェロンの野生児の治療教育にたずさわったイタールの弟子であるセガンが現れるまでは、知的障害児の教育は不可能と考えられていた。モンテッソーリの教具はセガンの障害児治療教具の影響を受けている。

補足

子どもの家

　「子どもの家」に2歳半で入園した子どもは、縦割り保育のなかで3歳まで、あるいは興味の続く限り6歳まで、日常生活訓練ができた。そして感覚教育をすべての教育の基礎として、5歳前から言語教育、算数教育、音楽教育、幾何教育、植物教育、地理教育などへ、教具によって導いた。日常生活の訓練には、①基本運動（座り方など）、②社交的ふるまい（あいさつやあくびのしかたなど）、③環境への配慮（水のやり方、床の磨き方など）、④自己への配慮（手の洗い方、靴の磨き方など）といった分野がある。

付けられたために無秩序となり、作業を強制されたために怠惰となり、服従を強いられたために反抗的になっているという子ども観がありました。

　2つ目は「敏感期を内包した連続的発達と非連続的発達」です。乳幼児期は「ことばに対する敏感期」と位置づけられ、この時期には集中的・爆発的に（非連続的に）ことばを獲得しますが、ことばの学習はその後も長い間（連続的に）続くものであると捉えられていました。また、この時期はことばだけに限らず、秩序や文字に対する敏感期でもあると考えられていました。

　3つ目は「精神の集中による本来の子どもの姿の回復」です。子どもは本来、興味や関心のあることには集中できるとモンテッソーリは考えていました。注意力が散漫になるのは、子どもが真に求めている活動を大人が抑圧しているからであり、敏感期に適切な教育刺激を与えなかったためであると捉えられていました。人間には本来、自ら成長する生命力（ホルメ）が生まれつき備わっていて、子どもは自分に必要な刺激を自ら選択することで、本来的な自分を取り戻す※とモンテッソーリは考えており、そのために子どもが長時間集中して作業を行うことを重要視していました。

　4つ目は「感覚訓練による活動的精神の形成」です。モンテッソーリの教具のなかでも、感覚教具は重要な位置をしめています。それは彼女が、人間の感覚器官は適切に働かせることで発達するという点から、感覚訓練を重視していたためでした。

　5つ目は「教師の役割」についてです。モンテッソーリは、教師は子どもの自己発達の援助者として、子どもに保障されている自由がその子の活動に生かされるように適切な指導をすべきである、と捉えていました。

　こうした思想に根差したモンテッソーリ・メソッドには、教具の使用が限定されていたり、子どもの創造性を伸ばす観点が抜けていたり、早期の知育指導が子どもの自由の保障と矛盾していたといった批判も生じました。しかし、モンテッソーリの子どもに対する考え方は、「児童権利宣言」※の精神と同様に人間教育の原点に立っており、彼女の遊びや教具を用いる授業は、遊びと学習の統合を科

補足

正常化
　集中作業を通して本来的な自分を取り戻すことを、モンテッソーリは「正常化」と呼んでいる。

補足

児童権利宣言
　1924年に子どもの人権を国際的に確認する宣言（ジュネーブ宣言）が生まれた。ジュネーブ宣言は子どもの権利を貧窮から守り、生存の権利を強く訴えるものであったが、第二次世界大戦によってその理念は踏みにじられた。その後、1959年の国連総会において、生きる権利のみならず、教育を受ける権利、遊びやレクリエーションのための機会や条件が与えられる権利などを含む、前文と10か条からなる「児童権利宣言」が採択された。

学的立場から企てたものとみられるため、今日の幼児の知育開発や科学教育の基本的な考え方と無縁なものではないのです。

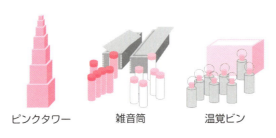

ピンクタワー　　雑音筒　　温覚ビン
図　モンテッソーリ教具

補足
日本での展開
モンテッソーリの教育思想は、1914年に彼女が訪米した前後に一時的に流行し、日本でも倉橋惣三や河野清丸によって紹介された。その後、1950年代半ばからピアジェの発達理論の影響で再びその意義が認められるようになり、1968年には国際モンテッソーリ協会の認可のもと、日本モンテッソーリ協会が設立された。

3　保育施設の発展

ここまで、近代以降の「子ども」を中心とする教育や保育に関するさまざまな考え方についてみてきました。そのなかで、コメニウスの「母親学校」やフレーベルの「幼稚園」、デューイの「実験学校」やモンテッソーリの「子どもの家」など、いくつかの施設について触れてきました。ここでは最後に、保育施設の設立に携わった人物についてみていくことにしましょう。

(1) オーベルランと「編み物学校」

1979年、フランスのアルザス地方に、牧師オーベルラン（Oberlin J. F. 1740‐1826, フランス）によって世界最初の託児施設である**幼児保護所**が設けられました。そこでは、戦災と貧困により放任・遺棄された6歳以下の幼児が、キリスト教による宗教教育と正しいフランス語、そして遊戯と作業（編み物も教えたので「編み物学校」ともいわれました）を通しての基礎知識が授けられました。

また、住民の教育条件もきわめて悪く、そのことが経済的改善や宣教の支障となっていたために、オーベルランは文化の振興と教育の改革にも取り組みました。その教育改革の一環として取り組まれたのが幼児保護所の設立でした。オーベルランは、過酷な農作業などによって放任されていた子どもたちを、悪習に染まることから

補足
教区での取り組み
オーベルランが赴任した教区はきわめて貧しい地域であったことから、彼は住民の生活条件の向上に取り組んだ。牧場をつくり、新しい栽培法を広めたりしたほか、紡績工場を誘致するなどして村の経済的再建に力を注いだ。

守るとともに、適切な保護と教育を行おうとしました。

　子どもたちは「編み物学校」で編み物以外にも、聖書の物語や自然についての話が描かれた絵を見ながら知識を学んだり、白地図に色をぬる作業を通じた地理の初歩的な概念を学んだりしていました。また自然に親しみながら、植物採集や草花の分類・観察を行わせるような指導も取り入れられていました。こうした指導の背景には、コメニウスやルソーの影響があるといわれています。

　この幼児保護所は、社会改革事業の一環としての託児機関であると同時に教育機関でもありました。その実践の精神は、次にみるオーエンだけでなく、その後の多くの人道主義者に影響を与えました。そして、パリをはじめ都市の就労婦人のための託児施設が生まれていき、後に現代フランスの公的幼児教育機関としての保育学校にまで発展していきました。

(2) オーエンと「幼児学校」

　世界にさきがけて、18世紀中ごろから産業革命の渦中に入ったイギリスでは、19世紀に入ると資本主義経済の急速な発達がみられ、同時に社会問題や児童に関する問題があらわになりました。そうした問題の解決策のひとつとして、1802年イギリスで世界最初の工場法が制定されました。これは「徒弟の健康および道徳を保護するための法律」として、児童労働保護立法と呼ばれるものでしたが、そこに含まれている「長時間労働からの児童の保護」「時間をさいて教育を受けさせる」という目的が達成されるまでには、その後1世紀以上を要しました。

　イギリスのニューラナークにある紡績工場主であったロバート・オーエン（Owen R. 1771 - 1858, イギリス）は、当時の労働者とその子女の悲惨な生活に心を打たれ、人道主義の立場から、1816年、自分の工場のなかに「性格形成学院」を創立しました。この学校は「幼児学校」（infant school）と「小学校」、「青年と成人の学校」の三部で構成され、幼児学校では1歳から3歳までの年少組と、4歳か

ら6歳までの年長組の2つに分かれ、各クラスはそれぞれ30〜50人の幼児を収容して教育を行いました。その主な内容としては、戸外遊び、実物・模型・絵などの遊び、お話、ダンス、音楽、軍事的教練（行進）などが含まれていました。

　オーエンは、人間の性格は基本善であるが、生後の環境によっては悪くもなるので、幼児期によい環境を与えることによって、合理的な思考と行動を可能にするよい人格形成が促されると考えていました。このような性格形成論に加えて、ペスタロッチの教育方法を取り入れることで、当時の伝統的な知識注入主義の教育を排除して、子どもの自発性を尊重し、さまざまな生活経験を通して行う実物教育を重んじました。

　そのため、書物による教え込みを否定し、子どもたちを戸外に連れ出し、植物や動物などと触れ合い、親しみをもつことを奨励しました。そして、幼児学校の教室には、実物教育を可能にするために、外からもち帰った自然物や動物の絵、地図などがそなえつけられていました。さらに、歌やダンスを取り入れた情操教育も重視されていました。

　オーエンはこうした教育から、子どもが自由に楽しく遊び、打ち解けた会話を通して、事物の性質や用法などを直感的・経験的に学んでいくことの重要性を強調しました。また、当時ほとんど機能していなかった家庭教育には期待を寄せず、むしろできるだけ早い時期から集団保育を行うことの意義を指摘し、それを実践する集団保育施設の重要性を主張しました。

　幼児学校は、その後イギリス各地で同様の試みがなされ、やがて全土に普及していきましたが、次第にオーエンの思想とはかけ離れた知識中心の教育の場に変わり、1870年、イギリスの初等教育法によって初等学校の下部組織として正規の学校に組み入れられたことで、教育の内容はさらに形式化していきました。

(3) マクミラン姉妹と「保育学校」

　オーエンの思想とは異なる方向に発展していた知識中心主義的な「幼児学校」も、19世紀に入ると、フレーベルの影響のもとに、新

しい幼児教育思想にもとづいた方向に発展することになります。

　マクミラン姉妹（McMillan, R. 1859-1917, McMillan, M. 1860-1931, イギリス）は 20 世紀初頭にそうした流れのなかで、「幼児学校」とは異なる保育学校を設立しました※。姉妹はまず 1911 年ロンドンに保育学校の前身である「野外学校」（camp school）を設立し、その後 1914 年に「野外保育学校」（open-air nursery school）を設立しました。姉妹は学校を設立するなかで、貧しい子どもたちの健康・衛生の確保に努め、子どもの健全な生活育成と教育に尽力しました。

　野外保育学校は、建物とさまざまな戸外設備をもつ庭によって構成されました。庭には子どもたちが楽しんで遊べるように、滑り台やジャングルジム、小道や階段が設けられていました。また、うさぎやハムスターのような動物の飼育も行われました。

　労働者の幼児を対象に、幼児の身体的健康を改善することを第一の理念とするマクミラン姉妹の保育学校では、精神面での発達についても適切な環境を与えることが目指されていました※。そうした子どもの全体的な発達を促す保育の場としての保育学校は、後に初等学校の基礎としての保育施設（2 歳～5 歳児対象）として公認される一方、義務制の「幼児学校」にも影響を与えたといわれています。

　本章でみてきた思想家・実践者たちは、そのときどきの時代や社会の状況のなかで直面してきた課題に、それぞれの観点から応答を試みてきました。子どもという時期の意味を踏まえながら、幼児期に大人や教師がどのような教育を行う必要があるのか。本章でみてきた思想家・実践者たちのなかには、母親の存在を中心とする家庭での教育や保育が重要であると捉える者もいれば、早い段階から保育施設で健康や学びを支え、はぐくむことが重要であると捉える者もいました。では、そうした教育や保育の考え方と、現在の日本の保育との間にはどんなつながりがあるのでしょうか。以下のワークに取り組んでみましょう。

補　足

マクミランの思想的背景

　マクミランの保育学校の思想には、オーエンやペスタロッチ、フレーベル、セガン、モンテッソーリなどの影響がみられる。

人　名

マーガレット・マクミラン

　妹マーガレットは、熱心なフレーベル主義者でもあり、子どもの遊びを大切にした。また、モンテッソーリの影響も受けていたことから、子どもたちの色彩感覚の訓練のための玩具を開発したり、幼児のサイズに合わせた洗面器具やほうきなどを考案したりすることで、生活訓練も重要視していた。

ワーク

　ここまで、近代欧米（西洋）のさまざまな教育や保育の考え方についてみてきましたが、それらは決して現在の日本の保育と無関係なものではありません。「保育所保育指針　第1章の1と2」を中心に、本章でみてきた思想家たちの考え方との共通点を探してみましょう。

　たとえば、フレーベルが注目したような「遊び」に対する考え方や、デューイが着目した「生活」とのかかわりなどは、現在どのように捉えられているでしょうか。また、貧しい子どもたちの健康や衛生の確保や、教育を受ける機会については、今日の日本においてはすべての子どもが平等に受けられるように定められています。それらは決して当たり前に考えられていたわけではなく、子どもをめぐる社会の問題に立ち向かってきた人々の影響を受けてのことであると気づくことができます。

　家庭や母親の役割についてその重要性を主張する者もいましたが、現代社会の多様な形態に即すならば、父親の役割への関心や、血縁に縛られない生活のあり方を踏まえた保育や教育についても考えていく必要があるでしょう。

　本章でみてきた人物も含めた多様な教育観・保育観に触れながら、自分自身はいったいどんな教育や保育を理想としているのか、自分たちが受けてきた教育や保育がどんな考えに支えられて行われていたのかを改めて問い直してみることが、日常の保育における「自己評価」と改善にもつながってくるのです。

（福若眞人）

確認テスト

問題1
以下の言葉を残した人物を、記号で答えなさい。
(1) 「20世紀は児童の世紀である」
(2) 「万物をつくる者の手をはなれるときすべてはよいものであるが、人間の手にうつるとすべてが悪くなる」
(3) 「生活が陶冶する」
(4) 「なすことによって学ぶ」

　　ア：ルソー　　イ：コメニウス　　ウ：ペスタロッチ　　エ：フレーベル
　　オ：オーエン　　カ：デューイ　　キ：モンテッソーリ　　ク：エレン・ケイ

　　　　　　　　　答え：(1)　　　(2)　　　(3)　　　(4)

問題2
次の文章の空欄に当てはまる用語を埋めなさい。

　子どもが注意散漫になるのは、モンテッソーリの考えにしたがった場合、子どもが真に求めているものを大人が抑圧しているからであり、（　　　　）に適切な刺激を与えなかったためであると考えられる。しかし、人間には自ら成長する（　　　　）が生まれつき備わっており、（　　　　）を通して本来的な自分を取り戻すことができる。このことをモンテッソーリは（　　　　）と呼んだ。

問題3
経済状況や戦争など、社会の状況は子どもの環境に大きな影響を与え、18世紀後半以降の近代欧米（西洋）社会では、「子ども」の存在に対する価値が見直された。その際、子どもを育てる環境として、母親の存在を重視する立場や、施設での養育を重視する立場などがみられた。現代社会の多様な家族の状況を踏まえつつ、子どもへの保育や教育にとってどのような「環境」が必要であるといえるか。自分の意見を140字程度にまとめなさい。

....
....
....
....
....

7章 日本の保育の思想と歴史

POINT

- 日本最初の幼稚園「東京女子師範学校附属幼稚園」の園長は関信三、主任保姆は松野クララである。
- 倉橋惣三は「児童中心主義保育」、城戸幡太郎は「社会中心主義保育」を唱えた。
- 日本の幼児教育、保育の発展は、第2次世界大戦前後の国家形成過程の影響が多分にある。
- 現在の「幼稚園教育要領」、「保育所保育指針」は、「日本国憲法」を受け、「学校教育法」、「児童福祉法」を基盤に制定されている。

1 幼稚園・保育所の成立と発展

(1) 日本最初の幼稚園の誕生

1872（明治5）年、国内初の近代教育制度を定めた法令「学制」が交付されました。この「学制」は、フランスの公教育制度を手本にした学区制が取り入れられたもので、現在の義務教育制度の基盤となったと考えてもよいでしょう。（また当時に発布された「学事奨励に関する被仰出書」においては、個人の立身出世には教育が必要であると説いています。）「学制」の第22条には、満6歳までの幼児を対象とする「幼稚小学」の規定があったものの、実際にはしばらくの間は設置されませんでした。当時は、就学前の幼児教育機関よりも、小学校開設に重きがおかれていたのです。またさらに、じつはすでに「幼稚小学」の規定とは関係なく西洋の幼児教育機関を見倣った機関がいくつかありましたが、長く続くものではありませんでした。ここに近代国家をつくりあげていく日本政府の制度の強さを垣間見ることができます。

以上のような影響を受け、1876（明治9）年、園長を関信三（1843-1879）とした「東京女子師範学校附属幼稚園（現：お茶の水女子大学附属幼稚園）」が開設されました。これは日本最初の官立（国立）の幼稚園で、当時は上層階級の子女が通っていました。保育内容は、当時欧米諸国で展開されていたフレーベル（Fröbel. F. W. 1782‐1852, ドイツ）のキンダーガルテンに模して、「恩物

補足

学区制
全国を学区に分けて各段階の学校を一定数配置する制度である。
第22条「幼稚小学ハ男女ノ子弟六歳迄ノモノ小学に入ル前ノ端緒ヲ教フルナリ」

補足

東京女子師範学校附属幼稚園
東京女子師範学校摂理（校長）の中村正直（1832-1891）が、明治8（1875）年、総理大臣の認可を受け、翌年に園舎が竣工されて開設に至る。

7章　日本の保育の思想と歴史

(Gabe)」中心の内容でした。翌年、1877（明治10）年7月には「東京女子師範学校附属幼稚園規則」が制定（作成年月は、1876（明治9）年7月である。）されます。そこには、開設の主旨、対象年齢、保育時間表や費用、さらには保育内容、保育方法等が示された3つの「保育科目※」が明示されました。この時期に「保育」という言葉が初めて使われたということにも着目しておきましょう。

(2) 幼稚園の普及

これをきっかけとして、この幼稚園をモデルとした幼稚園が日本各地に設立されるようになります。

当時の保育者は、現在とは異なり、「保姆（ほぼ）」と呼ばれていました。最初の主任保姆は松野クララ（Clala L. Zitelmann 1853-1931）であり、この人物は、実際のフレーベルの保育者養成施設で研鑽を積み、幼稚園教育に関して専門的な知識や技術を身につけていた女性でしたが、日本語に不慣れだった彼女を支え、実際に保育に携わった人物は、同師範学校に勤めていた豊田芙雄（とよだふゆ）（1845-1941）と近藤濱（はま）（1839-1912）という女性2名に、他2名の助手です。

そして1878（明治11）年より、東京女子師範学校附属幼稚園は、実習生を受け入れ、保姆の養成を始めます（東京女子師範学校保姆練習科の設置）。この幼稚園の設立が現在の幼稚園の前身となってはいますが、実際には庶民の子どもたちにとっては狭き門であり、当時の日本政府は、子どもへの理解を念頭において創設されたのではなく、あくまで明治維新の背景にある欧米諸国とのつながりから創設に至ったと理解してよいでしょう。

その後は、文部省の通達により、庶民の子どものための幼稚園開設の動きが活発にみられ、1887（明治20）年代半ばには177園にもなり、託児所とは異なる形式で普及してきます。しかしその急速な普及に保育者不足は深刻さを増し、同時に保育者養成機関も普及していくのです。とくに注意深いことは、この時期幼稚園普及に寄与したキリスト教宣教師の存在です。たとえば、アメリカ人宣教師であるハウ（Howe, Annie Lyon 1852-1943）は、1889（明治22）年、兵庫県神戸市に「頌栄幼稚園※（しょうえい）」を開園し、さらには

補足

保育科目
「物品科」、「美麗科」、「知識科」の3科目を主軸とし、具体的には「五彩球ノ遊ヒ」、「形体ノ置キ方」、「粘土細工」、「織紙」、「唱歌」、「説話」、「体操」、「遊戯」、等、フレーベルの20恩物を中心とした25子目（項目）に分類されていた。1881（明治14）年、1884（明治17）年、と2回改正あり。

豊田芙雄は1879（明治12）年、日本で2番目の幼稚園となる、鹿児島女子師範学校の附属幼稚園を開設に尽力した。

補足

頌栄幼稚園
現在も、「神と人とを愛する心を」、「主体的に生きる姿勢を」、「自然の中で探究心を」、「国際人として幅広い視野を」、と、創設以来の一貫性をもった教育理念を掲げ、幼児教育に取り組んでいる。所在は、兵庫県神戸市東灘区。

「頌栄保姆伝習所」を設立します。彼女は、日本におけるフレーベルの恩物を中心とし過ぎた保育保育を批判し、フレーベルの保育思想である、幼児の生活や自律性、自発性などを尊重する保育を唱えました。さらにフレーベルの著書『人の教育』を、さらには『母の歌愛撫の歌』を原典から日本国民の生活に合わせた形で翻訳出版し、当時の人々の理解を得られるよう工夫しました。この幼稚園、養成所は日本で初めてのキリスト教系幼稚園であり、ハウの功績は、今後の幼児教育・保育に大きく貢献したといえます。

このように東京女子師範学校附属幼稚園の設立から様々な幼稚園が開設されていくなかで、1899（明治32）年6月、文部省は初めて、幼稚園教育の統合を図るための法令、「幼稚園保育及設備規程」を制定します。このおかげで、各幼稚園は明確な基準をもって、園の運営や幼稚園保育を行うことができました。このなかの保育内容のうち、これまでの「恩物」を「手技」に変更し、「唱歌」、「遊戯」、「談話」の保育4項目が挙げられました。（この規程は、第二次世界大戦終戦まで、幼稚園の運営・編成の基準となりました。）しかしその翌年の、1900（明治33）年、これらの内容は「小学校令」に大部分が取り入れられ、幼稚園保育及設備規程は廃止となりました。

大正期には、さらに幼稚園の数も増え、大正デモクラシーの影響もあり、「子ども」目線の保育が行われるようになっていきます。それまでのフレーベルの教育法が保育者からの一方的なものであるとし、あくまで子どもの関心や自然な活動を重視していく流れが見てとれます。そうしたなかで幼稚園関係者の要望により、1926（大正15）年4月22日には単独勅令である「幼稚園令」が制定され、同時に「幼稚園令施行規則」も交付されます。幼稚園の制度的な位置づけがこれによって、初めて明確化され、1945（昭和20）年まで適用されることとなりました。

（3）保育所の前身

日本の保育所の歴史は、1875（明治8）年頃、女子の就学率向上のために設置された「子守学校」を起源とみることができます。ここへ通う子どもたちは、自分たちより年齢の低い子どものお守り

補足

保育者の一方的な保育が批判され、子どもの生活に即した内容を取り扱うようになった。そして、恩物偏重からの脱却を図るための法令であったが、「手技」とは恩物を用いた内容であったため、保育者は恩物を使用する真意を理解しておく必要があった。

補足

幼稚園令

第1条「幼稚園ハ幼児ヲ保育シテ其ノ心身ヲ健全ニ発達セシメ善良ナル性情ヲ涵養シ家庭教育ヲ補フヲ以テ目的トス」

補足

子守学校

正規の小学校ではなく、当時物質的に豊かに生活できないゆえに、子守となっている学齢期の子どもたちに、小学校教育を提供する場であった。正規の小学校や私塾に附設されていた。

7章 日本の保育の思想と歴史

をしながらそれでも教育を受けてきました。子守学校に通う子どもたちが連れてきた乳幼児を別室で預かるところから、現在の託児事業が誕生しました。代表的な学校は、1890（明治23）年、赤沢鍾美（あつみ）（1864-1937）・仲子夫妻とその助手が開いた新潟の私塾、「新潟静修学校」です。これは、物質的に豊かではない子どもたちに対する救済的な形で始まりました。最初は子守学校に通う生徒の連れてきた子どもだけでしたが、働く母親が直接自身の子どもを預けるようになっていきました。この託児施設は、共に働きながら家族を支えていかなければならない家庭の人々に支えられ、1908（明治41）年、「守孤扶独幼稚児保護会（しゅこふどく）」として呼ばれ、運営されるようになりました。

また、現在でいう企業内託児所のような形式で、働く親のために職場内に設置された託児所としては、1900（明治33）年、華族女子学校附属幼稚園（現：学習院幼稚部）に勤めていたクリスチャンの保姆2名、野口由香（1866-1950）と森島峰（みね）（1868-1936）が寄付を募って開設された、「二葉幼稚園」が挙げられます。ここでは、フレーベル式幼稚園に基づいて保育が行われ、3歳未満児の預かりや、また、早朝から夕方までの長時間保育を行う等をして、親の就労を支えていきました。そして何より、保育料が非常に低額であったということが、現在の日本が抱える保育所問題とは大きく異なっています。そして1916（大正5）年には、「二葉保育園」と呼び名が変わり、内務省「幼児保育事業」として位置づけられました。

そして1909（明治42）年には石井十次（いしいじゅうじ）（1865-1914）が、「岡山孤児院附属愛染橋保育所」を大阪のスラム街に開設しました。ある孤児との出逢いをきっかに研修中である身ながら医学の道を棄て、まだ児童福祉の体制が万全ではなかった明治期に児童救済へ尽力した彼は、「児童福祉の父」と呼ばれます。この保育所においては、ペスタロッチ（6章1節参照）の教育思想が取り入れられていました。このような動きのなかで、1919（大正8）年には、公立保育所がようやく設立され、順に日本主要都市に保育所が設けられていきますが、この時はまだ、日本政府は託児所に関する明確な基準を設けていませんでした。ここから先、どのような流れで現在の保育所保育

指針へと繋がっていくのかについては、第3節を参照しましょう。

ワーク

①フレーベルの保育思想を第6章も参考にしながら調べ、その思想が、なぜ日本最初の幼稚園設立に大きく関係していたのかを考えてみましょう。

②この時代における、キリスト教の布教状況を調べ、日本にどのような影響があったでしょうか。まとめてみましょう。

③この節で登場した人物を整理し、関心のある人物を定め、彼（彼女）が生きてきた時代状況を調べてみましょう。

7章　日本の保育の思想と歴史

2　保育思想の発展

(1) 大正デモクラシーの影響を受けて

　第1節でみてきたように、日本最初の幼稚園「東京女子師範学校附属幼稚園」の設立から、明治時代までの日本においては、欧米諸国の影響を多分に受けた保育、フレーベルの「恩物（Gabe）」を中心とした保育が行われてきました。しかし、大正期に入れば幼児教育においても大正デモクラシーの影響がみられます。これまでの画一的だった保育から特色のある保育へと移行していくのです。

　たとえば、東京女子高等師範学校の教育者たちは、日本独自の文化や伝統、暮らしを取り入れた保育内容を提唱し始めました。たとえば、橋詰良一（はしづめりょういち）（1871-1934）は、1922（大正11）年より、園舎をもたない「家なき幼稚園※」（現：室町幼稚園）を開設しました。そして、「子どもは子ども同士の世界に住まわせ、家という建物の枠から開放して、自然の中で育てるのが何よりの幸福である」（『家なき幼稚園の主張と実際』、1928）という思いから開設されたこの園は、露天保育※を主としており、晴れた日には近くの草原や川へ出かけることがあったといいます。「子ども同士の世界」に最も適している場所を、大自然にあると考えていた彼は、何より「子どもを中心に据えた保育」を体現した人物に他なりません。

　さらに、現在では"職業"としての"保育士"が当たり前になっていますが、橋詰は保育の専門教育を受けていなくても、幼児と大自然のなかで戯れることができるなら、そこから"愛"のある幼児教育が生み出されると考えました。それは、当番制で子どもの母親も保育に参加していたことからも想像することができます(1)。この取り組みは、自分の子どもだけへの関心や理解から他者理解へと、広げていくことも可能になるのです。

　また、この時期は子ども観にも大きな変革がありました。社会的要因、経済的要因により、識字率も上がったため、児童文化も発展していきます。竹久夢二（1884-1934）が編集する最初の子守唄集『コドモノクニ』や、1918（大正8）年には鈴木三重吉（1882-1936）によって、月刊雑誌『赤い鳥』が創刊されました。明治時代に進められて

補足

家なき幼稚園
　この幼稚園が発足するにあたり、橋詰が理想としていた案が13案ある。ここに全てを挙げられないので、いくつかを紹介しておく。ここから開設への思いを想像してみよう。
　例「一、『家なき幼稚園』に入園する児たちは御道具として『小さな三脚椅子』一つだけを準備すれば宜しいのです、時によって御弁当も要ります。
一、木の実も草の葉も花も、蝶も、魚も、真に神さまから下さつた児たちへの恩物です、鶯の声も蛙の歌も皆んな児たちを遊ばせる神さまのコーラスです。
一、謂はゆる幼稚園ではないのですから規則に囚われることもないでせう。時間も定めなければ休みも定めませぬ。
一、雨が降れば休みです、寒さが強くても休みです、暑いときにも休みます、然し御座敷でも貸して頂く家があつたら直ぐ開きます。
一、従つて斯んな保育に適した先生が欲しいのです、先生は幼稚園の全部です、そして児たちは先生の全部です。」

きた近代国家化・富国強兵による、欧米諸国に並ぶ国力を得るための教育、子ども観からは、大きく異なり、子どもが子どもとしての価値を認められる時代において、児童文学の発展は、幼児教育・保育を考えるうえで、大きな視点のひとつとなるでしょう。

(2) フレーベルの形式主義に対する批判－児童中心主義保育－

　明治時代においては、フレーベルの恩物（Gabe）を中心とした保育が主流となるなか、明治時代末期には、それを批判した人物がいます。

　まず、東京女子高等師範学校（現：お茶の水女子大学）教授であり、東京女子師範学校附属幼稚園の批評掛の東基吉（ひがしもときち）(1868-1958)が、フレーベルの理論や、恩物（Gabe）それ自体の価値を認めつつ、形式主義に陥る保育を批判しました。その一方で、著書『幼稚園保育法』（1904）において、「遊戯」の大切さを展開し、保育方法は保育者養成から変革すべきだとしています(2)。さらにこの理論を展開させたのが和田実（わだみのる）(1876-1954)です。1908（明治41）年には、中村五六（なかむらごろく）『幼児教育法』を共著として刊行し、「遊戯」の分類を行っています。

　そして、東基吉のすぐ後には、東京女子高等師範学校教授で、後に東京女子師範学校附属幼稚園の主事（園長）であった、倉橋惣三(1882-1955)も同様に真のフレーベル思想を主張しました。倉橋は、「幼児教育の父」と称されたフレーベルに倣って、「日本の幼児教育の父」、「日本のフレーベル」と呼ばれ、その偉大な功績は現在もなお、受け継がれています。

　彼は、これまであった過度の恩物主義から脱却することに尽力しました。形式的な保育に対する批判を唱えたのであって、フレーベルの思想を全面的に否定していたわけでは決してないことに注意しましょう。「恩物（Gabe）」については、以下のように記しています(3)。

　「彼（フレーベルのこと：著者註）のいわゆる恩物なるものは、要するに幼児用の玩具である。…（略）…別に何の本に書いてあるとか、どこの古丘から発掘させられたなどと難しい論は持

 補足

露天保育
現在の屋外保育の意。当時は、自動車で子どもたちを自然のなかへ連れて行く保育を指して、「自動車幼稚園」とも呼ばれていた。

(1) 森上史郎『児童中心主義の保育』教育出版、1984年

(2) 東基吉『幼稚園保育法』、目黒甚七、明治37年

(3) 倉橋惣三『幼稚園雑草（上）』、フレーベル館、2008年

ち出さずとも、毬や板や棒切れが子供の玩具に用いられたことはギリシャの昔にもエジプトの昔にもあったことに相違ない。文明人ばかりではない。野蛮人の子供でもこのくらいの玩具は知っているだろうと思う。それが『フレーベル氏恩物』という名称の下に、いかにも特殊なるものとして取扱われているのは、何故なのであろうか。いうまでもなく、フレーベル先生がこれらの珍しくもない玩具の中に、見出し、しかして組織した教育上の理論によるのである。すなわちその理論に対しての特殊なる取扱いをするのである。ここにおいて、いわゆる恩物の恩物たる所は、理論にあって、物にあるのではないということは、少しく事を分解して考え得る人には直ぐ分ることである。さらに言葉をかえていえば、恩物とは彼の品々が幼児の玩具として多くの有益なる点を持つというフレーベル先生の考えから、賞賛的に付けられ得る名称である。」（『幼稚園雑草（上）』pp.217-220）

また彼は、「幼稚園が保育方法の実行所」（『幼稚園真諦』p.59）(4)であると考えられているからこそ、実際にその場で生き生きと輝いている子どもたちがみえなくなってしまっていると述べます。また、「幼児のさながらの生活――自由・設備――自己充実――充実指導――誘導――教導」（同著 p.61）からもわかるように、子どもの生活全般を見通して行う保育案である「誘導保育案」は、後に、1935（昭和10）年、日本で最初の体系的カリキュラムが記された『系統的保育案の実際』として刊行されました。

(3) 児童中心主義の批判

フレーベルの思想を真の意味において、主張し、また新たな保育観が生まれているなか、倉橋惣三の唱える保育論への批判もありました。心理学者であり、かつ教育学者でもあった城戸幡太郎（きどばんたろう）（1893-1985）です。彼は、昭和初期の社会情勢のなかで、子どもたちが将来をいかに生き抜いていけるかということを、冷静な目で考え捉え、倉橋の保育論では対応することが困難になってくるだろうという主

(4) 倉橋惣三『幼稚園真諦』、フレーベル館、2008年

補足

幼児のさながらの生活

倉橋惣三の数ある有名な言葉のうち、「生活を、生活で、生活へ」という言葉がある。これは、子どもが過ごしているあるがままの生活を端的に捉えた言葉である。

補足

誘導保育案

「保育者」が主体となって誘導していくのではなく、あくまでも「子ども」が主体となって活動できるように導くことであるので、誤解しないように気をつけること。

張をしました。なぜなら、城戸は子ども主体の視点であっても、それは「社会の形成主体としての子ども」を捉えていたためです。そうして子どもの興味や関心に沿って行う保育論に限界を見出し、社会との関連性のなかで子どもを導く必要があると唱えます。これは**社会中心主義保育**といわれ、その目的は、「社会協力の精神」の育成であると城戸は述べています(5)。

また、「教師は子どもに何を求めるべきか」というテーマにおいて、以下のように記しています。

> 「児童中心主義の教育では児童から新しい生活の様式を発展させようとする。…（略）…しかし、子どもは子どもたち自身から何を自由に発展させることができるであろうか。子どもを園に生える花の如く観るのは美しい思想ではある。しかし朝顔の種子からは撫子の花は咲かない。子どもははたして草花のように運命づけられた遺伝的存在にすぎないものであろうか。もし、そうだとすれば児童から新しい社会の発展などは望まれるはずがない。『児童から』の教育には、教師は子どもから何を求められるかということと、教師は子どもから何を求めるかということとが同時に含まれていたのである。この『要求』ということに新しい生活の様式も社会の発展も認められるのであって、要求のないところには希望もなければ進歩もないのであるが、教師が子どもの要求ばかりに応じていたのでは子どもの要求水準は高められない。」(6)

その一方で、「子どもは教師に何を求めているか」という節においては、以下のように記しています。

> 「『独立独歩』ということは自由になりたい人間の要求であるが、自由は人間を社会から孤立させるものではない。『孤立無援』は人間として耐えられない境涯である。自由は拘束から逃れようとする要求であるが、権威から無縁になろうとする要求ではない。子どもは拘束から自由になろうとするが権威から無

(5) 城戸幡太郎『幼児の教育』、福村書店、1950年

(6) 前掲書、pp.81-82.

縁になろうとはしない。それでは子どもを拘束するものは何であるか。それは子どものわがままを抑える他人のわがままである。そして他人のわがままは子どもにとってけっして権威としては感ぜられない。」(7)

(7) 前掲書、pp.85.

ワーク

①大正時代の児童文学の創造と、こども観との関連を考えてみましょう。

②倉橋惣三と城戸幡太郎、それぞれの保育理論を比較し、あなたの保育観をまとめてみましょう。

③日本の保育を取り巻く現状を整理し、特にあなたが気になる点に着目したうえで、この節で学んだ保育思想から学ぶべき点を挙げてみましょう。

3　戦中・戦後の保育

（1）戦時下の保育

　1931（昭和6）年の満州事変、1937（昭和12）年の日中戦争勃発から、これまでの自由主義的な幼児教育・保育は、少しずつ戦禍の渦に巻き込まれていきました。この時代においては1938（昭和13）年、当時民間で行われていた救済事業を国家の下で統制することで、戦時下の総動員体制を強めることを目的とした「社会事業法」が定められました。この法律によって、託児所と幼稚園とが区別されるようになりました。

　農村では、農繁期、漁期で忙しい親にかわって、お寺や神社の境内を借りて、乳幼児を保育する臨時の保育所、「農繁期託児所※」（「季節託児所」）がありました。とくに戦時下においては、食料不足になることを懸念して国家が開設することを奨励したために、1930年代以降には、その数は劇的に増えました。さらに男性は戦地へ赴き、多くの女性もまた軍需産業の担い手となっていたため、1943（昭和18）年頃から、「戦時託児所」が開かれました※。さらに終戦間近になれば、園の運営も困難を極め、「幼児集団疎開」も行われるようになりました。最初に幼児集団疎開に踏み切ったのは、1944（昭和19）年、恩賜財団母子愛育会経営の、戸越保育所と愛育隣保館（旧東大セツルメント）でした。その当時、戸越保育所々長の森脇要は、この集団疎開には3つの意味があったと述べています⁽⁶⁾。①第二の国民たる幼児を敵の空襲から守ること、②幼児を疎開させることによって、母親が防空、待避、消火の活動の自由を得て、空襲下の家庭を守る責任を充分果すこと、③幼児を疎開させることによって、一人一人の母親や父親が戦争を文字通り自分の戦争と感じて、この戦争を貫徹するために主体的に積極的に一層の力をつくす様になること。

　ここから分かるように、明治時代から継がれてきた幼児教育・保育観の流れは戦争によって、一旦途絶えてしまうのです。

農繁期託児所

　日本最初の農繁期託児所は、1890（明治23）年に、筧雄平（1842-1916）により、鳥取県美浦村に設置された。

戦時託児所

　同年、「戦時託児所令」が制定される。戦力強化のため家庭での子育てが難しいときの保育の場として、開かれたが、この時代にあっては、幼稚園までもが「戦時託児所」として機能せざるを得ない場合も多かった。

(6)『日本幼児保育史』第5巻、昭和45年

(2) 戦後の保育

　1945（昭和20）年、終戦を迎えた日本は、アメリカ合衆国の占領下で民主主義に基づく新国家の復興に力を注ぎます。

　1946（昭和21）年「日本国憲法」が交付され、「基本的人権の保障」が明記されます。さらに、1947（昭和22）年には「学校教育法」「児童福祉法」が制定され、その結果、幼稚園は学校として位置づけられ※、文部省※の管轄となりました。一方、託児所は児童福祉施設である「保育所」として制度化され、厚生省の管轄となりました。このようにして、日本の保育は、「教育」と「福祉」に二元化されることになるのです。

　1948（昭和23）年、文部省より「保育要領－幼児教育の手引き」が刊行されます（「保育要領」）。これは国の基準を示したものではなく、あくまで「手引き書」として、保育所、幼稚園、家庭における幼児教育のあり方を示すものでした。内容はもちろん、幼稚園の保育内容（教育内容）を示すものですが、「保育要領」のなかの「幼児の一日の生活」には、「幼稚園」、「保育所」、「家庭」のそれぞれの1日の生活が示されていることから、「手引き書」としての役割であったということが容易に想像できます。児童中心の保育理念が述べられています。まえがきをみてみましょう。

> 「一、まえがき
> （略）…幼児期には…他の時期とは著しく異なつた特質がある。幼児には幼児特有の世界があり、かけがえのない生活内容がある。
> （略）出発点になるのは子供の興味や要求であり、その通路となるのは子供の現実の生活であることを忘れてはならない。
> （略）よき芽生えが自然に伸びていくのではければならない。教師はそうした幼児の活動を誘い促し助け、その生長発達に適した環境をつくることに努めなければならない。」

　このように、児童中心主義の保育理念が述べられています。また、保育内容には12項目が掲げられ、「楽しい幼児の経験」という

補足

学校教育法
　第1条「学校とは、小学校、中学校、高等学校、大学、盲学校、聾学校、養護学校及び幼稚園とする。」

補足

文部省
　2001（平成13）年、中央省庁再編により、文部科学省が設置され、文部省は廃止となった。

名目に、「見学、リズム、休息、自由遊び、音楽、お話、絵画、制作、自然観察、ごっこ遊び・劇遊び・人形芝居、健康保育、年中行事」があります。「自由遊び」の項目があるということにもこの「保育要領」の特徴がみてとれるでしょう。そして1950（昭和25）年には、厚生省から「保育所運営要領」が刊行されました。そこでは保育所の任務を、職員の資質、施設の設備、運営に関わる問題、その他の項目に分けて述べられ、保育内容は「乳児」と「幼児」に、そして「学童」と「家庭」それぞれにおいては「指導」という言葉によって分けられました。さらにその後1952（昭和27）年には「保育指針」、1954（昭和29）年には「保育の理論と実際」と、手引き書の発行が続きます。

「幼稚園教育要領」は、「学校教育法」、「保育要領」を基に1956（昭和31）年に作成されます。ここにおいては、幼稚園教育の目標を明確に示し、それらを達成するために6領域（「健康」、「社会」、「自然」、「言語」、「音楽リズム」、「絵画制作」）に整理し、それぞれの領域毎に、幼児期における発達上の特徴と、それにふさわしい、「望ましい経験」を挙げられました。同年、「幼稚園設置基準」も定められ、1963（昭和38）年、文部省と厚生省の両局長から「幼稚園と保育所の関係について」が通知されます。この共同通知によって、幼稚園、保育所それぞれの役割の違いが明確になりした。そうして「幼稚園教育要領」は、1964（昭和39）年に改訂されるとともに告示化されます。ここでは領域に変更がなかったものの、「望ましい経験」だったものを、「幼稚園教育の目標を達成するために、原則として幼稚園終了までに幼児に指導することが望ましいねらいを示したもの」に変更されました。その後25年間もの間、改訂は行われませんでしたが、核家族化、少子化などの問題が深刻化してきた経緯もあり、平成になってようやく改訂され、1989（平成元）年※、1998（平成10）年、2008（平成20）年と、4回の改訂を経ています。

一方「保育所保育指針※」は、1952（昭和27）年の「保育指針」を基に、1965（昭和40）年に策定されました。そしてその後1990（平成2）年改訂、1999（平成11）年改訂、2000（平成12）年には児童福祉法の一部改訂、2008（平成20）年には保育所保育指針の大幅な改訂が行われました。これまでは厚生労働省より各施設への単

補足

1989年の改訂

この改訂により、現在の5領域（「健康」「人間関係」「環境」「言葉」「表現」）になる。

補足

保育所保育指針

「児童福祉法」、「児童福祉施設最低基準」、「保育所運営要領」の流れを経て、1952（昭和27）年の「保育指針」が、そして、1963（昭和38）年の共同通知の影響も受けながら、1965（昭和40）年に初めて制定されたのが、保育所保育指針である。

なる通知にしか過ぎませんでしたが、この大幅な改訂によって、初めて法定化されることとなりました。

さらに、2014（平成26）年、「幼保連携型認定こども園教育・保育要領」が策定されます。また、2018（平成29）年の告示においては、「幼稚園教育要領」、「保育所保育指針」、「幼保連携型認定こども園教育・保育要領」の3つが改訂されました。これら意味は一体何でしょう。

保育者になる人間として、これからの日本社会を担う子どもたちの教育・保育について、改めて考えてみることが大切になります。

ワーク

①今の保育所保育指針や幼稚園教育要領の成立経緯を、もう一度まとめてみましょう。

②幼保連携型認定こども園は、今後どのように発展していくでしょうか。日本の社会情勢、経済状況などを踏まえて、まとめてみましょう。

③新しく改訂された内容について、これまでとの相違点を調べてみましょう。またなぜそのような改訂になったのかを、あなたの視点で考えてみましょう。

（嵩倉美帆）

確認テスト

問題1

下の文章のうち、正しいものをひとつ選び、記号で答えなさい。

ア）日本最初の正式な幼稚園は、東京女子師範学校附属幼稚園であり、その保育理念は、子ども主体とした活動を中心としたものであり、モンテッソーリ教具が使用されていた。

イ）フレーベルの恩物中心の保育を推進した人物は、倉橋惣三である。

ウ）明治23年に創設された「新潟静修学校」においては、乳幼児を別室で預かり、のちには、大きな保育事業へと発展していった。

エ）昭和23年、「保育要領」は文部省と厚生省の協力の上で刊行され、保育所、幼稚園、家庭における幼児教育のあり方が示されている。

問題2

以下の問いに答えなさい。

① 東京女子師範学校附属幼稚園の初代園長は誰か。
（　　　　　　　　　　　　）

② 二葉幼稚園の創設にかかわった人物は誰か。
（　　　　　　　　　　　　）

③ 明治32年に制定された「幼稚園保育及設備規程」において示された保育4項目は何か。
（　　　　　　　　　　　　）

④ 昭和31年の「幼稚園教育要領」における6領域を全て答えなさい。
（　　　　　　　　　　　　）

問題3

現在の幼児教育・保育の抱える問題点を1つ挙げ、この章で学んだことを踏まえて自分の考えを200字前後で記述しなさい。

....
....
....
....
....
....
....

8章 世界の保育の現状と未来

POINT

- 日本では、子育て支援機能の充実、保幼小接続、幼保一体化といった点で保育の改革が進められている。
- イタリア、アメリカ、スウェーデン、ニュージーランドなどの世界的に注目されている保育実践からは、日本の保育への示唆を得ることができる。
- 世界的に幼保一元化（一体化）や幼児教育無償化などの改革が進んでいる。
- 科学技術の進歩やグローバル化など社会の変化にともなって、ESDや多文化共生保育といった新たな保育実践が注目されている。

1 日本の保育の現状

(1) 少子化対策と保育の役割

2016年に生まれた子どもの数（出生数）は、1899年に統計を取り始めて以来、初めて100万人を切り、97万6,979人となりました(1)。第二次ベビーブームの1973年には約209万人であったのに対して、半数以下の子どもしか生まれていません。合計特殊出生率も2015年時点で1.45です。人口を維持できる水準が2.09であることを考えると、非常に低い数値だとわかります。子どもが減るということは、日本の将来を担う人材が減っていくということですから、少子化は非常に深刻な問題です。では、なぜ、少子化が進行してしまうのでしょうか。

(1) 厚生労働省、平成28年人口動態統計月報年計

ワーク

少子化の原因として考えつくことをあげてみましょう。

この問いに対して、すぐに思いつく答えの1つは、女性の社会進出の増加でしょう。女性が社会に働きに出ることで、結婚が遅くなったり、出産のタイミングや子育ての時間の確保などが難しくなったりすることで少子化が進んでいるという説明には説得力があります。しかし、図8-1に示した通り、じつは女性の社会進出が進んでいても、合計特殊出生率が高い、つまり、少子化になっていない国は数多くあるのです。

このことから考えると、女性の社会進出が進めば少子化になるとはいえなさそうです。少子化になっていない国と日本とでは、何が異なるのでしょうか。

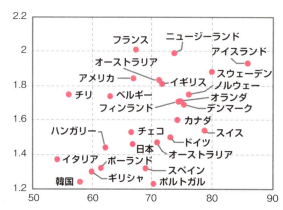

（出典：ILO：ILOSTAT および World Bank：Data Bank より筆者作成）
図 8-1. OECD 諸国における女性労働力率（15-64 歳）と合計特殊出生率

まず、図 8-2 に示した通り、日本政府の家族関係支出の GDP 比は、先進国のなかでも非常に少なく、子育てへの国の支援は国際水準からすれば低い状況です。また、日本の育児休業の取得率は、2016年時点で、女性 81.8％、男性は 3.16％であり、女性の育児負担が多い状況が推測されます(2)。対して、たとえばスウェーデンでは、16 ヵ月の育児休業の間の収入が制度として保障されていたり、夫婦が育児休業手当の受給権を半分ずつ取得した場合に男女平等ボーナスが支給されたりするなど、社会全体で子育てを支える制度が整えられています(3)。

さらに、日本では、若者の雇用の不安定さや、個人主義的な風潮などの理由で、晩婚や生涯未婚率が増加し、少子化が進んでいるとも指摘されています。結婚と出産が密接に結びついているわけです。しかし、たとえばフランスでは、婚外子（結婚していない女性が産む子ども）の割合が 59.1％（2015 年）となっており、結婚と出産が必ずしも直接的に結びついているわけではありません。

このように日本と世界各国では、子育てに関する政策や、子育て負担の状況、結婚と出産の価値観などが異なっている点として指摘できます。結婚と出産の価値観を変えることは難しそうですので日

> **補足**
>
> **家族関係支出**
> 児童手当、育児手当、介護休業手当、生活保護、就学援助など、家族を対象とした家族関係政策全体の支出。

(2) 厚生労働省「平成 28 年度『雇用均等基本調査』の結果概要」2017 年

(3) 白石淑江「第 2 章 スウェーデン王国 揺るがぬ子どもの権利の視点」泉千勢（編）『なぜ世界の幼児教育・保育を学ぶのか：子どもの豊かな育ちを保障するために』ミネルヴァ書房、2017 年

> **補足**
>
> **フランスの出産事情**
> この背景には、1970年代から嫡出子（婚姻関係にある男女から生まれた子ども）と婚外子の社会保障上の権利が同等になったなどの政策の影響がある。数値は EU 統計（EUROSTAT）
> < http://appsso.eurostat.ec.europa.eu/nui/submitViewTableAction.do > 2017年 9 月閲覧より。

本の文脈で考えれば、子育て支援を充実させること、結婚への障壁を減らすことが少子化対策につながるといえるでしょう。日本政府の少子化対策もこれらの観点から進んでいます(4)。2012年には子ども・子育て3法が成立し、2015年から子ども・子育て支援新制度が施行されました。子ども・子育て支援新制度のもと、地域型保育などの新しい保育の場が広がっています。加えて、2016年にはニッポン一億総活躍プランが策定され、若者の雇用安定・待遇改善、働き方改革の推進など、労働面の改善をして結婚や出産を間接的に後押しすることが目指されています。このような少子化対策のなかで、保育は特に、子育て支援の側面での要となっています。

(4) 内閣府「平成29年版少子化社会対策白書 概要版」

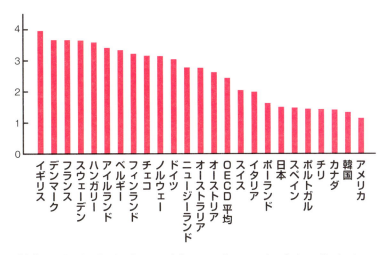

(出典：OECD family database, public expenditure on family benefits by type of expenditure, in per cent of GDP, 2013 and latest available. より筆者作成)

図8-2. OECD諸国における家族関係支出の対GDP比（2013年）

(2) 保幼小接続

もうひとつ、日本の保育を取り巻く現代的な課題として関心をもっておきたいことが、保幼小接続です。保幼小接続とは、簡単にいえば、保育所や幼稚園での子どもの育ちと、小学校からの子どもの育ちをつなげるということです。保幼小接続が求められるようになった背景には、小1プロブレムがあります。小1プロブレムとは、小学校1年生になった子どもが、授業中に教室を歩き回ったり、先生の話を聞かないなど、小学校の環境になかなかなじむことができ

ないという問題です。

　小1プロブレムの要因として、保育所・幼稚園と、小学校との環境の違い、教育方法の違い、価値観の違いなどが指摘されています。少し想像してみてください。保育所や幼稚園では、自由な時間がたくさんあり、遊びながら過ごすことができたのに、小学校に入ったら、椅子に座って授業を聞き、チャイムや先生の指示に従って行動することが求められるようになるわけです。子どもが感じる違いは大きいでしょう。このような保育所・幼稚園と小学校との文化的な違いを少しでも減らし、子どもの発達や育ちの連続性を担保しようとする動きが活発化しています(5)。

　まず、2018年度改訂の新要領・指針では、「幼児期の終わりまでに育ってほしい姿」として、10項目が掲げられました。そして、この10項目を、保育所・幼稚園側と小学校側が共有することで、保幼から小への子どもの育ちをつなげていくことが目指されるようになっています。また、各地方自治体や、保育所・幼稚園・小学校では、アプローチカリキュラムやスタートカリキュラムを作成し、保幼小の学びをつなげていく試みが進められています。アプローチカリキュラムとは、保幼側が、小学校への接続を考えて作成するカリキュラムです。たとえば、規律を守って協力したり、文字や数量などの感覚を身につけたり、自ら考えたりすることを目標としてカリキュラムが作られます。そして、スタートカリキュラムとは、小学校側が、保幼での学びをふまえて小学校への導入のために作成するカリキュラムで、たとえば、学校探検など、子どもの発見や経験をもとにして授業へと導入していく方法が採られています。

　このほかにも、たとえば保幼小でお互いに子どもたちや教員同士の交流を図ったり、子どもの育ちについて共有するために要録を作成したり、保幼小接続のための取り組みはさまざまです。保育者として、乳幼児期だけではなく、小学校以上も含めた長期的な視野で、子どもの育ちを考える姿勢が求められるようになっています。

(3) OECD統計にみる日本の保育の現状

　少子化や保幼小接続以外にも、日本の保育の課題はあります。図

---

(5) 保幼小の実践に関する参考文献として、酒井朗・横井紘子（編）『保幼小連携の原理と実践：移行期の子どもへの支援』ミネルヴァ書房、2011年があげられる。

補足

小学校との連携

　2018年保育所保育指針では、「第2章保育の内容」の「4保育の実施に関して留意すべき事項」として、「(2)小学校との連携」が記されている。

8章　世界の保育の現状と未来

8-3 は、就学前教育における公立と私立の割合を利用児数で比較したものです。ここからわかるように、日本では OECD 諸国と比較して、私立機関を利用する幼児が非常に多いことがわかります。実際に、日本の幼稚園（幼保連携型認定こども園を含む）の数、保育所（幼保連携型認定こども園、保育所型認定こども園を含む）の数をみると (6)、公立幼稚園 4,504 校、私立幼稚園 9,996 校（2016 年）であり、公営保育所が 9,091 施設、私営保育所が 16,489 施設（2015 年）となっています。日本の保育は、私立に大きく依存した状況であることが指摘できるでしょう。園の間での質の格差や、子育ての経済的負担という点で改善の余地があるといえます。

(6) 幼稚園の数は、文部科学省の学校基本調査、保育所の数は厚生労働省の社会福祉施設等調査

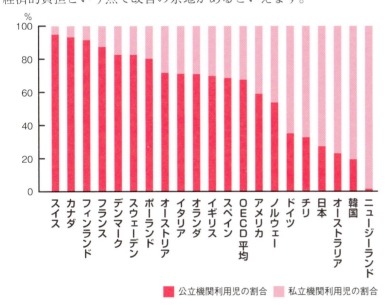

（出典：OECD online education database ＜ http://www.oecd.org/education/database.htm ＞ 2017年9月閲覧より筆者作成）

図 8-3．OECD 諸国における就学前教育施設の利用児数の公立・私立別割合（2014 年）

また、図 8-4 は、保育職教員の年齢構成を比較した図です。OECD 諸国と比較して、日本の保育職教員の年齢がとても若いことが指摘できます。つまり、諸外国と比較していわゆる「ベテラン」の保育者が育っていない状況にあることが推測されます。上述したニッポン一億総活躍プランでは、子育て支援を強化するために、保育人材の確保と同時に、保育士の処遇改善や労働負担の軽減、キャリアアップの仕組みの構築などを行い、長く働ける保育環境を整備

することが目指されています。経験豊富な保育者を育てていくことは、保育の質の向上とともに、少子化対策にも通じることとして、解決の待たれる課題となっています。

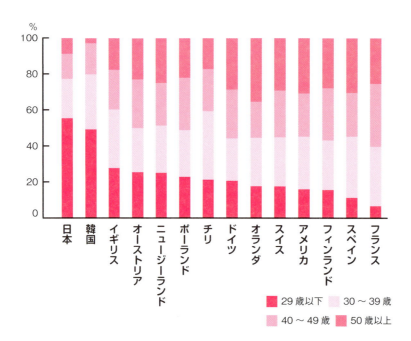

(出典：OECD online education database ＜ http://www.oecd.org/education/database.htm ＞ 2017年9月閲覧より筆者作成)

図8-4. OECD諸国における保育職教員の年齢構成割合(2014年)

2 世界の保育の現状

(1) 保育として、何をするべきか：保育カリキュラムの系統

日本の保育現場では、「環境を通して行う保育」、子どもの主体的な活動に基づいて行う保育が一般的です。しかし、この考えは、世界共通ではありません。世界の保育には、大きく分けて2つの伝統的なカリキュラムがあるとされています※。1つは、**生活基盤型**といわれるもので、子ども達の生活を基盤として、自由な主体的な活動のなかで保育することが目指されます。もう1つは、**就学準備型**といわれるもので、小学校への準備が重視され、文字や数字の読み書きや、知識の獲得が目指されます。

日本の保育について学んだ皆さんにとっては、生活基盤型の考えのほうに親しみを感じることと思います。文字の読み書きに重点をおくカリキュラムに抵抗を感じる方もいるかもしれません。しかし、表8-1に示した通り、どちらのカリキュラムにも良し悪しがあることをよく理解する必要があります。たとえば、就学準備型のカリキュラムでは、小学校への入学の準備に重点があるため、小1プロブレムが起こることは少ないでしょうし、母国語が異なる子どもや、家庭で文字に触れる機会のない子どもには、幼児期に文字の読み書き

補足

2つの伝統的なカリキュラム

「大きく分けて」と述べたように、両方の特徴をもつカリキュラムで保育を行う場合もある。また、生活基盤型のなかでもその方法には違いがある。

表8-1. カリキュラムタイプ別の子どもへの効果の比較

	学業的	包括的
知能指数	○	
学習意欲		○
読み書き計算	○	
創造性		○
主体性		○
短期的な結果	○	
長期的な結果	○	○

※学業的は就学準備型、包括的は生活基盤型に近い。

(出典：OECD, Starting Strong Ⅲ A Quality Toolbox for Early childhood Education and Care, OECD, 2012 より抜粋して筆者作成)

を習得することは小学校での勉強に遅れないためにも必要となるでしょう。自分の知っている保育のみが正しいと思わず、目の前の子どもに合わせて、保育の可能性を柔軟に考える姿勢が求められます。

(2) 特徴的な保育実践

　上記のようなカリキュラムの系統を理解したうえで、世界での特徴的な保育実践から、日本の保育の可能性を考えてみましょう。特に、近年注目されている実践として、イタリア、スウェーデン、アメリカ、ニュージーランドの実践を以下で簡単に紹介します。

1）イタリア：レッジョ・エミリア・アプローチ [7]

　近年、世界的にも最も質の良い保育実践のひとつとされているのが、イタリアのレッジョ・エミリア・アプローチです。レッジョ・エミリア・アプローチは、特に創造性を育む保育として注目されます。創造性を伸ばすための教育として、みなさんはどのような活動が思い浮かぶでしょうか。恐らく、絵を描くことや楽器を演奏することなどがすぐに思いつくことでしょう。しかしレッジョ・エミリア・アプローチでは、単に絵を描くだけには留まりません。1つの色をテーマとして、色の微妙な違い（グラデーション）に注目した活動、素材をテーマとして、素材の触感や形の違いを活かして作品を作る活動が行われます。さらに、光と影に注目した活動としてOHPを用いてプロジェクタに映像を投影することやコンピュータを用いて自ら撮った写真を編集して作品を作るといったように、ICT（情報通信技術）が活用されていることも特徴の1つです。そして、もう1つの特徴として、日々の保育は、保育者のみで行うのではなく、ペダゴジスタとよばれる教育専門家やアトリエリスタと呼ばれる芸術専門家と協力しながら行われます。

　このように、レッジョ・エミリア・アプローチは、創造性を育む保育、専門家と協働した保育の可能性への示唆を与えてくれます。

2）スウェーデン：テーマ活動とドキュメンテーション

　スウェーデンの保育は、テーマ活動とドキュメンテーションという2つの点で注目されています。テーマ活動とは、「子どもの生活や身近な事象からテーマを取り上げ、それを子どもと保育者が一緒

---

(7) ワタリウム美術館（作）、東京大学佐藤学研究室（訳）『レッジョ・エミリアの幼児教育 The Wonder of Learning I：驚くべき学びの世界　モノとの対話』（DVD）ワタリウム美術館、2013年

に自由な方法で探求したり、描画や造形表現、ファンタジーの遊びなどへ発展させていく活動」です (8)。日本の文脈で簡単にイメージするならば、冬の寒い日に子どもが氷に興味をもったことをきっかけとして、どうしたら氷ができるのか試してみたり、氷を触ったりして水との違いを感じたり、色付きの氷を作ってみたり、氷の女王ごっこをしたりといった活動がテーマ活動のイメージに近いものでしょう。しかし、日本と決定的に異なるのは、1つのテーマが1年以上の長期にわたって続く場合もあるということです。3歳児で始まった1つのテーマが、4歳児、5歳児へと継続されていくこともあります。長い時間をかけて、子どもたちの経験や学びを深めていくことが想定されているのです (9)。

このテーマ活動を進めていくうえで欠かせないのが、ドキュメンテーションです。イメージとしては、日本における保育の「記録」をより詳細に視覚化したものといえるでしょう。活動の間の子どもの言葉や活動の様子の写真、保育者の省察が記載され、日々の保育の振り返りや改善へとつながっていきます。日本における記録と異なる点は、完成したドキュメンテーションがバインダーにまとめられて子どもに贈られたり、教室の壁に貼られたりするなど、保育者間で共有するものというよりは、保育者、子ども、保護者で共有するものとして作成されるという点です。

このように、スウェーデンの保育実践からは、1つのテーマを長期に渡って探求するという経験を取り入れる可能性や、子どもの育ちを理解し、伝えていく方法について、日本の保育を振り返り、改善していくヒントが得られるように感じられます。

3）アメリカ：ヘッドスタート・プログラム

ヘッドスタート・プログラムは、1960年代に、「貧困対策」のひとつとして始まった保育政策で、2017年現在も継続されています。ヘッドスタート・プログラムの主な目的は、子どもたちが就学への準備をできるようにすることであり、特に貧しい家庭の子どもなど不利な状況にある子どもに焦点を当てています。

ヘッドスタートでは、社会性や身体的な発達に加えて、「18の大文字と15の小文字が分かる」など、基礎的な読み書き能力の明確

(8) 白石淑江・水野恵子『スウェーデン保育の今：テーマ活動とドキュメンテーション』かもがわ出版、2017年

(9) 前掲書

な到達指標を示しています(10)。また、子どものみならず、保護者への支援や親子関係に関する活動がプログラムに含まれていることも特徴的です。たとえば、小学校入学のために家庭でできる準備について話し合うことや家計に関わる経済的知識や健康・安全に関する知識などを得る機会を紹介すること、保育施設での保育に保護者がボランティアとして参加することなどが行われています。

幼児の発達に関する明確な指標を示す意義や文字の読み書きを幼稚園・保育所で教える必要性、保護者支援の方法について、ヘッドスタート・プログラムは考えるきっかけを与えてくれます。

4）ニュージーランド：テ・ファリキと「学びの物語」(11)

ニュージーランドの保育は、テ・ファリキと呼ばれるナショナルカリキュラムの開発をきっかけとして注目されるようになりました。テ・ファリキは、「何歳で何をできるようになる」というように段階的に子どもの発達を捉えることはせず、子どもは身近な社会や文化のなかで関係を築きながら学びを広げていくという考えに基づいて作られました。テ・ファリキは、カリキュラムの4つの原理と5つの領域で構成されていますが、4つの原理の1つには、家族と地域社会があり、5つの領域のうち、2つは所属感と貢献です。自分が所属する文化や社会を理解し、そこに参加していく過程を重視する姿勢がうかがえます。

このテ・ファリキの理念に基づいて、「学びの物語」と呼ばれる評価方法が実践されています。皆さんは、目の前の子どもを評価しようとするとき、どのような方法を使うでしょうか。世界的にこの問いに対する答えの1つとして頻繁に用いられているのは、チェックリストによる評価です。しかし、「学びの物語」では、チェックリストは用いず、日々の保育の実践から子どもが経験し学んだことを記録するという方法が採られています。そして、その評価の目的は、「できる・できないを判断すること」ではなく、「子どもが学ぼう・参加しようとする気持ちや姿勢を育むこと」にあります(12)。この評価の目的があることで、子どもの関心や意欲、行為の意味に注目して子どもの育ちを捉えることができるのです(13)。

ニュージーランドの保育は、子どもの育ちを捉える視点や、保育

---

(10) ヘッドスタート・プログラムのHP < https://eclkc.ohs.acf.hhs.gov/interactive-head-start-early-learning-outcomes-framework-ages-birth-five > 2017年9月閲覧

(11) 七木田敦、ジュディス・ダンカン『「子育て先進国」ニュージーランドの保育：歴史と文化が紡ぐ家族支援と幼児教育』福村出版、2015年

補足

4つの原理

4つの原理とは、①エンパワメント、②全体的発達、③家族と地域社会、④関係性であり、5つの領域は、①健康と幸福、②所属感、③貢献、④コミュニケーション、⑤探求である。

(12) 鈴木佐喜子「第7章 ニュージーランド『学びの物語』と保育の質向上の取り組み」泉千勢（編）『なぜ世界の幼児教育・保育を学ぶのか：子どもの豊かな育ちを保障するために』ミネルヴァ書房、2017年

評価の方法について、新たな視野を提供してくれています。

ワーク

1〜4の実践を読んで、日本の保育との共通点や違いとして特に関心をもったことを、書き出してみましょう。

(3) 制度の多様性

さて、ここまでは保育実践について世界の事例をみてきましたが、じつは「保育の制度」も国によってさまざまです。世界的に、保育の制度は、省庁の管轄という点からみると、図8-5のように大きく4つに分けられます。日本のように、保育所は厚生労働省、幼稚園は文部科学省というように同じ年齢で2つの省庁が管轄する機関が併存している制度は幼保二元体制と呼ばれます。対して、図8-5に示した日本以外の国のように同年齢で1つの省庁のみが管轄する制度を幼保一元体制と呼びます。

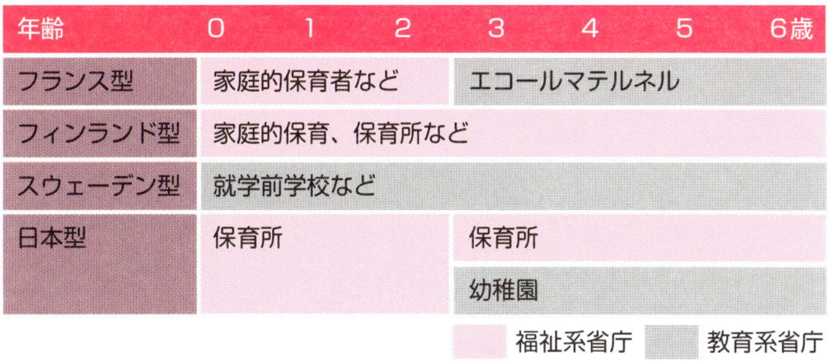

年齢	0	1	2	3	4	5	6歳
フランス型	家庭的保育者など			エコールマテルネル			
フィンランド型	家庭的保育、保育所など						
スウェーデン型	就学前学校など						
日本型	保育所			保育所			
				幼稚園			

　　　　　　　　　福祉系省庁　　　教育系省庁

（出典：OECD、星三和子ら訳『OECD保育白書：人生の始まりこそ力強く　乳幼児の教育とケア＜ECEC＞の国際比較』明石書店、2012、88-89頁より抜粋して筆者作成）

図8-5．保育制度の違いの概略図

図8-5からわかるように、保育関係施設の種類や管轄省庁の区分は国によって異なります。たとえば、フランスであれば、2歳半頃から教育系省庁の管轄するエコールマテルネルに通うことができます。エコールマテルネルは、公立の場合は無償であり、3歳以上の就学率はほぼ100％となっています。スウェーデンの場合は、保育事業は全て学校庁が管轄しています。1〜5歳児のためには就学前学校（Förskolan）があり、学校教育として位置付けられています。

(13) 大宮勇雄『学びの物語の保育実践』ひとなる書房、2010年

このように、保育制度は国によって異なります。一元体制である場合は、全ての子どもに同水準の保育・教育を提供できることや財政的な重複を解消できること、また子どもの育ちの一貫した見通しをもつことができるといった利点があります。近年、台湾や韓国では、幼保を一元化もしくは一体化しようとする動きが進められています(14)。日本においても、認定子ども園が新たに導入されたり、幼稚園教育要領と保育所保育指針の内容の共通化が図られたりなど、幼保の一体化を目指して制度的な変化が続いています。

　また、世界的に、保育や幼児教育の無償化も進みつつあります。上述のフランスのほか、フィンランドでは6歳児が無償、イギリスも3～4歳は無償であり、最近では韓国が2013年に0～5歳児の保育料の無償化を開始しました。幼児教育・保育の無償化で、子どもの生涯にわたる育ちの基盤を培うとともに、子育て負担の軽減や、子どもの貧困対策※となることが期待されています。

(14) 泉千勢（編）『なぜ世界の幼児教育・保育を学ぶのか：子どもの豊かな育ちを保障するために』ミネルヴァ書房、2017年

 補　足

幼児教育と貧困
　幼児教育・保育へのアクセス拡大による社会経済的な効果は、途上国でも注目されており、世界的な貧困問題の解決に幼児教育・保育が貢献することが期待されている。（浜野隆・三輪千明『発展途上国の保育と国際協力』東信堂、2012年）

3 保育の未来

(1) 変化する社会のなかでの保育：ESDと多文化共生保育

　現代日本において、私たちの周りには外国製品があふれ、街中を歩けば外国人の姿が多く見られるようになりました。どこにいてもインターネットさえあれば世界の流行もすぐにわかります。ICT（情報通信技術）などの科学技術の発達で便利な時代となった反面、環境破壊や貧困、エネルギー問題など、世界規模で共通の課題が数多くあり、ともすれば今の社会の継続が困難であることも指摘されるようになっています。このように変化する社会のなかで、保育として求められることは何でしょうか。

　その1つ目が、「持続可能な開発のための教育（Education for Sustainable Development；以下、ESD）」です。ESD※とは、環境問題や貧困などの世界共通の課題をより身近な問題として捉え、身近なところから解決に向かって行動することを目指す教育です。ESDには、環境教育、社会・文化教育、平和教育など、多くのテーマがあります。ESDの例として、環境問題を意識してリサイクルの作品を作る活動をしたり、地域の伝統文化に触れてその大切さを実感する機会を設けたり、異文化に触れて多様な価値観を認め合う経験を取り入れたりといったことがあげられます。これらの活動を通して、将来にわたって持続可能な社会を維持していくための価値観や実践力を育む保育・教育が、ESDとして求められています。

補足
ESD
　幼児期のESDに関する実践例はまだ少ないが、環境教育の面では取り組みが広がりつつある。（井上美智子『幼児期からの環境教育：持続可能な社会にむけて環境観を育てる』昭和堂、2012年）

　加えて、グローバル化が進むなかで、より意識したいのが、多文化共生保育※です。多文化共生とは、複数の民族や文化がお互いに尊重し合い認め合って暮らしていくことを意味します。日本において幼稚園・保育所に在籍する外国籍児童の正確な数は把握されていませんが、小学校以上の学校段階に在籍する外国籍児童の数は、2014年には29,298人、2016年には34,335人となり、増加傾向にあります。保育所や幼稚園でも、言葉や文化の異なる外国籍児童の在籍数は増えているようです。このような状況のなかで、多文化共生保育に関する知識や実践力が、保育者には求められます。

　多文化共生保育を行ううえで忘れてはならないのは、相手やその

補足
多文化共生保育
　世界的にも多文化共生保育の取り組みは進められている。（J. ゴンザレス-メーナ（著）、植田都・日浦直美（訳）『多文化共生社会の保育者：ぶつかってもだいじょうぶ』北大路書房、2004年）

文化を尊重し、お互いに認め合う態度です。たとえば、あなたの受け持つクラスにブラジル人のA君が新しく入ってきたと想像してください。日本語の会話が覚束ないA君のために、あなたはA君にだけ絵で伝えたり、身振り手振りで伝えたりといった工夫をしていました。そのようなあなたの接し方を見た他の子どもたちは、A君がやることなすこと全てに対して、「そうじゃないよ、こうするんだよ」「僕が代わりにやってあげるよ」というように、A君は「できない子」という雰囲気がクラスに生まれてしまいました。A君は、特に発達上に問題はないにもかかわらず、単に日本語がわからないというだけで、「できない子」というレッテルを貼られてしまったのです。さて、A君は、どのような気持ちでしょうか。

このケースの場合、保育者の最初の対応が間違っていたわけではないでしょう。ただ、A君の得意なことを披露してもらったり、A君の母国であるブラジルの言葉での会話をしてみるなど、他の子どもたちがA君の存在を対等に感じ、互いに認め合うような活動は取り入れることができたはずです。このように、多様な民族や文化が共存するなかでの保育では、配慮が足りないと子どもの自己肯定感を下げてしまったり、子どもの成長を妨げてしまう危険性があることに十分な注意が必要です。保育者として、さまざまな文化や価値観を知り、お互いに認め合う気持ちをもつことが欠かせません※。

(2) 保育の未来

本章で学んできたように、保育は、目の前の子どもの育ちを支える役割を担っているだけではなく、少子化などの社会問題の解決にも貢献する可能性を持っています。そのため、保育を取り巻く社会状況の変化にともなって、保育に求められることも変化していきます。少子化が進むなか、より子育てしやすい社会を目指し、保育所には子育ての拠点としての期待が寄せられています。また、科学技術の進歩やグローバル化にともなって、ESDや多文化共生保育といった新しい保育の取り組みが必要となってきました。

特に近年は、幼保一体化を旗印に、幼稚園と保育所という垣根を超えて、全ての子どもたちが質の高い保育を受けて、小学校へと育

補足

多文化共生保育の事例

多文化共生保育では、保護者支援にも配慮が必要である。多文化共生保育の事例に関しては、咲間まり子(編)『多文化保育・教育論』みらい、2014年に詳しい。

ちをつなげていくことが目指されています。幼保一体化が目指される過程で、認定こども園が誕生し、子ども・子育て支援新制度が本格的に施行されました。幼保一体化は、待機児童問題解消にも関わっているため、ともすれば量的拡大のみが注目されがちです。しかし、「質の高い保育・教育を一体的に提供する」ことが重要であることを忘れてはいけません。質の高い保育・教育の実現に向けて、保幼小が協働、連携していくことが必要となっています。

さらに、現代社会において、地域のつながりが希薄になり、子どもが自然や年配の方々と触れ合う機会が減っているなかで、地域との連携も新たな課題となっています。地域との連携の方法は、地域の自然環境の活用、地域の行事への参加、高齢者をはじめとする地域の人々との触れ合い、博物館などの地域の施設の活用などさまざまです（保育所保育指針参照）。また、地域の関係機関と連携して、子育てに関する情報を保護者に伝えたり、専門的な相談機関を紹介するといったことも地域との連携の一例です。地域との連携によって、子どもの育ちを支えるとともに、地域の教育力向上や地域の活性化にもつながることが期待されます。

今後の保育では、幼保小の連携、地域との連携など、連携と協働がキーワードであるといえるでしょう。世界的に、保育の重要性への認識は高まっており、より質の良い保育、より社会のニーズに対応した保育が探究されています。保育所や幼稚園の内部のことだけではなく、たとえば小学校のこと、多文化のこと、少子化のこと、地域のことなど、保育を取り巻く幅広い事象に関する視野をもち、保育の専門性を高めていくことが求められています。

（門松　愛）

確認テスト

問題1

日本における少子化対策について、正しいものを全て選びなさい。

　ア　若者の雇用の安定化を目指している。
　イ　女性の就労を抑制する政策を進めている。
　ウ　結婚と出産の価値観を変えることを目指している。
　エ　地域型保育など新しい保育の場を増やしている。

答え＿＿＿＿＿＿＿＿＿＿

問題2

保幼小接続に関する保育所保育指針の記述について次の空欄を埋めなさい。

　保育所保育において育まれた資質・能力を踏まえ、小学校教育が円滑に行われるよう、小学校教師との（　　　　　）や（　　　　　）の機会などを設け、第1章の4の(2)に示す（　　　　　　　　）を共有するなど連携を図り、保育所保育と小学校教育との円滑な接続を図るよう努めること。

問題3

以下の特徴をもつ保育実践について、どの国のものか答えなさい。

　(1) ヘッドスタート・プログラムは、貧困層を対象とした保育プログラムであり、50年以上の長きに渡って続いている。
　(2) アトリエリスタやペダゴジスタといった専門家と協働しながら行われる点に特徴がある。
　(3) 子どもの発達を社会や文化への参加という文脈で理解しようとする点に特徴をもつ。
　(4) テーマ活動とドキュメンテーションが特徴である。

問題4

多文化共生保育に関し、外国籍の子どもへの対応として望ましいものを1つ選びなさい。

　ア　その子どもの出身国の言葉や文化について、保育者が多少なりとも知識を持っておくとよい。
　イ　食事では日本の風習が正しいと教えるとよい。
　ウ　その子ができないことに対しては、「外国人だから」と慰めるとよい。
　エ　日本語のみで話すことを促すほうがよい。

資料：保育所保育指針

第1章 総則

　この指針は、児童福祉施設の設備及び運営に関する基準（昭和23年厚生省令第63号。以下「設備運営基準」という。）第35条の規定に基づき、保育所における保育の内容に関する事項及びこれに関連する運営に関する事項を定めるものである。各保育所は、この指針において規定される保育の内容に係る基本原則に関する事項等を踏まえ、各保育所の実情に応じて創意工夫を図り、保育所の機能及び質の向上に努めなければならない。

1 保育所保育に関する基本原則

(1) 保育所の役割

　ア　保育所は、児童福祉法（昭和22年法律第164号）第39条の規定に基づき、保育を必要とする子どもの保育を行い、その健全な心身の発達を図ることを目的とする児童福祉施設であり、入所する子どもの最善の利益を考慮し、その福祉を積極的に増進することに最もふさわしい生活の場でなければならない。

　イ　保育所は、その目的を達成するために、保育に関する専門性を有する職員が、家庭との緊密な連携の下に、子どもの状況や発達過程を踏まえ、保育所における環境を通して、養護及び教育を一体的に行うことを特性としている。

　ウ　保育所は、入所する子どもを保育するとともに、家庭や地域の様々な社会資源との連携を図りながら、入所する子どもの保護者に対する支援及び地域の子育て家庭に対する支援等を行う役割を担うものである。

　エ　保育所における保育士は、児童福祉法第18条の4の規定を踏まえ、保育所の役割及び機能が適切に発揮されるように、倫理観に裏付けられた専門的知識、技術及び判断をもって、子どもを保育するとともに、子どもの保護者に対する保育に関する指導を行うものであり、その職責を遂行するための専門性の向上に絶えず努めなければならない。

(2) 保育の目標

　ア　保育所は、子どもが生涯にわたる人間形成にとって極めて重要な時期に、その生活時間の大半を過ごす場である。このため、保育所の保育は、子どもが現在を最も良く生き、望ましい未来をつくり出す力の基礎を培うために、次の目標を目指して行わなければならない。

　　(ア)　十分に養護の行き届いた環境の下に、くつろいだ雰囲気の中で子どもの様々な欲求を満たし、生命の保持及び情緒の安定を図ること。

　　(イ)　健康、安全など生活に必要な基本的な習慣や態度を養い、心身の健康の基礎を培うこと。

　　(ウ)　人との関わりの中で、人に対する愛情と信頼感、そして人権を大切にする心を育てるとともに、自主、自立及び協調の態度を養い、道徳性の芽生えを培うこと。

　　(エ)　生命、自然及び社会の事象についての興味や関心を育て、それらに対する豊かな心情や思考力の芽生えを培うこと。

　　(オ)　生活の中で、言葉への興味や関心を育て、話したり、聞いたり、相手の話を理解しようとするなど、言葉の豊かさを養うこと。

　　(カ)　様々な体験を通して、豊かな感性や表現力を育み、創造性の芽生えを培うこと。

　イ　保育所は、入所する子どもの保護者に対し、その意向を受け止め、子どもと保護者の安定した関係に配慮し、保育所の特性や保育士等の専門性を生かして、その援助に当たらなければならない。

(3) 保育の方法

　保育の目標を達成するために、保育士等は、次の事項に留意して保育しなければならない。

　ア　一人一人の子どもの状況や家庭及び地域社会での生活の実態を把握するとともに、子どもが安心感と信頼感をもって活動できるよう、子どもの主体としての思いや願いを受け止めること。

　イ　子どもの生活のリズムを大切にし、健康、安全で情緒の安定した生活ができる環境や、自己を十分に発揮できる環境を整えること。

　ウ　子どもの発達について理解し、一人一人の発達過程に応じて保育すること。その際、子どもの個人差に十分配慮すること。

　エ　子ども相互の関係づくりや互いに尊重する心を大切にし、集団における活動を効果あるものにするよう援助すること。

　オ　子どもが自発的・意欲的に関われるような環境を構成し、子どもの主体的な活動や子ども相互の関わりを大切にすること。特に、乳幼児期にふさわしい体験が得られるように、生活や遊びを通して総合的に保育すること。

　カ　一人一人の保護者の状況やその意向を理解、受容し、それぞれの親子関係や家庭生活等に配慮しなが

ら、様々な機会をとらえ、適切に援助すること。
(4) 保育の環境
　保育の環境には、保育士等や子どもなどの人的環境、施設や遊具などの物的環境、更には自然や社会の事象などがある。保育所は、こうした人、物、場などの環境が相互に関連し合い、子どもの生活が豊かなものとなるよう、次の事項に留意しつつ、計画的に環境を構成し、工夫して保育しなければならない。
　ア　子ども自らが環境に関わり、自発的に活動し、様々な経験を積んでいくことができるよう配慮すること。
　イ　子どもの活動が豊かに展開されるよう、保育所の設備や環境を整え、保育所の保健的環境や安全の確保などに努めること。
　ウ　保育室は、温かな親しみとくつろぎの場となるとともに、生き生きと活動できる場となるように配慮すること。
　エ　子どもが人と関わる力を育てていくため、子ども自らが周囲の子どもや大人と関わっていくことができる環境を整えること。
(5) 保育所の社会的責任
　ア　保育所は、子どもの人権に十分配慮するとともに、子ども一人一人の人格を尊重して保育を行わなければならない。
　イ　保育所は、地域社会との交流や連携を図り、保護者や地域社会に、当該保育所が行う保育の内容を適切に説明するよう努めなければならない。
　ウ　保育所は、入所する子ども等の個人情報を適切に取り扱うとともに、保護者の苦情などに対し、その解決を図るよう努めなければならない。

2 養護に関する基本的事項
(1) 養護の理念
　保育における養護とは、子どもの生命の保持及び情緒の安定を図るために保育士等が行う援助や関わりであり、保育所における保育は、養護及び教育を一体的に行うことをその特性とするものである。保育所における保育全体を通じて、養護に関するねらい及び内容を踏まえた保育が展開されなければならない。
(2) 養護に関わるねらい及び内容
　ア　生命の保持
　　(ア) ねらい
　　　① 一人一人の子どもが、快適に生活できるようにする。
　　　② 一人一人の子どもが、健康で安全に過ごせるようにする。
　　　③ 一人一人の子どもの生理的欲求が、十分に満たされるようにする。
　　　④ 一人一人の子どもの健康増進が、積極的に図られるようにする。
　　(イ) 内容
　　　① 一人一人の子どもの平常の健康状態や発育及び発達状態を的確に把握し、異常を感じる場合は、速やかに適切に対応する。
　　　② 家庭との連携を密にし、嘱託医等との連携を図りながら、子どもの疾病や事故防止に関する認識を深め、保健的で安全な保育環境の維持及び向上に努める。
　　　③ 清潔で安全な環境を整え、適切な援助や応答的な関わりを通して子どもの生理的欲求を満たしていく。また、家庭と協力しながら、子どもの発達過程等に応じた適切な生活のリズムがつくられていくようにする。
　　　④ 子どもの発達過程等に応じて、適度な運動と休息を取ることができるようにする。また、食事、排泄、衣類の着脱、身の回りを清潔にすることなどについて、子どもが意欲的せつに生活できるよう適切に援助する。
　イ　情緒の安定
　　(ア) ねらい
　　　① 一人一人の子どもが、安定感をもって過ごせるようにする。
　　　② 一人一人の子どもが、自分の気持ちを安心して表すことができるようにする。
　　　③ 一人一人の子どもが、周囲から主体として受け止められ、主体として育ち、自分を肯定する気持ちが育まれていくようにする。
　　　④ 一人一人の子どもがくつろいで共に過ごし、心身の疲れが癒されるようにする。
　　(イ) 内容
　　　① 一人一人の子どもの置かれている状態や発達過程などを的確に把握し、子どもの欲求を適切に満たしながら、応答的な触れ合いや言葉がけを行う。
　　　② 一人一人の子どもの気持ちを受容し、共感しながら、子どもとの継続的な信頼関係を築いていく。
　　　③ 保育士等との信頼関係を基盤に、一人一人の子どもが主体的に活動し、自発性や探索意欲などを高めるとともに、自分への自信をもつことができるよう成長の過程を見守り、適切に働きかける。
　　　④ 一人一人の子どもの生活のリズム、発達過程、保育時間などに応じて、活動内容のバランスや調和を図りながら、適切な食事や休息が取れるよう

にする。

3 保育の計画及び評価
(1) 全体的な計画の作成
　ア　保育所は、1の(2)に示した保育の目標を達成するために、各保育所の保育の方針や目標に基づき、子どもの発達過程を踏まえて、保育の内容が組織的・計画的に構成され、保育所の生活の全体を通して、総合的に展開されるよう、全体的な計画を作成しなければならない。
　イ　全体的な計画は、子どもや家庭の状況、地域の実態、保育時間などを考慮し、子どもの育ちに関する長期的見通しをもって適切に作成されなければならない。
　ウ　全体的な計画は、保育所保育の全体像を包括的に示すものとし、これに基づく指導計画、保健計画、食育計画等を通じて、各保育所が創意工夫して保育できるよう、作成されなければならない。

(2) 指導計画の作成
　ア　保育所は、全体的な計画に基づき、具体的な保育が適切に展開されるよう、子どもの生活や発達を見通した長期的な指導計画と、それに関連しながら、より具体的な子どもの日々の生活に即した短期的な指導計画を作成しなければならない。
　イ　指導計画の作成に当たっては、第2章及びその他の関連する章に示された事項のほか、子ども一人一人の発達過程や状況を十分に踏まえるとともに、次の事項に留意しなければならない。
　　(ア) 3歳未満児については、一人一人の子どもの生育歴、心身の発達、活動の実態等に即して、個別的な計画を作成すること。
　　(イ) 3歳以上児については、個の成長と、子ども相互の関係や協同的な活動が促されるよう配慮すること。
　　(ウ) 異年齢で構成される組やグループでの保育においては、一人一人の子どもの生活や経験、発達過程などを把握し、適切な援助や環境構成ができるよう配慮すること。
　ウ　指導計画においては、保育所の生活における子どもの発達過程を見通し、生活の連続性、季節の変化などを考慮し、子どもの実態に即した具体的なねらい及び内容を設定すること。また、具体的なねらいが達成されるよう、子どもの生活する姿や発想を大切にして適切な環境を構成し、子どもが主体的に活動できるようにすること。
　エ　一日の生活のリズムや在園時間が異なる子どもが共に過ごすことを踏まえ、活動と休息、緊張感と解放感等の調和を図るよう配慮すること。
　オ　午睡は生活のリズムを構成する重要な要素であり、安心して眠ることのできる安全な睡眠環境を確保するとともに、在園時間が異なることや、睡眠時間は子どもの発達の状況や個人によって差があることから、一律とならないよう配慮すること。
　カ　長時間にわたる保育については、子どもの発達過程、生活のリズム及び心身の状態に十分配慮して、保育の内容や方法、職員の協力体制、家庭との連携などを指導計画に位置付けること。
　キ　障害のある子どもの保育については、一人一人の子どもの発達過程や障害の状態を把握し、適切な環境の下で、障害のある子どもが他の子どもとの生活を通して共に成長できるよう、指導計画の中に位置付けること。また、子どもの状況に応じた保育を実施する観点から、家庭や関係機関と連携した支援のための計画を個別に作成するなど適切な対応を図ること。

(3) 指導計画の展開
　指導計画に基づく保育の実施に当たっては、次の事項に留意しなければならない。
　ア　施設長、保育士など、全職員による適切な役割分担と協力体制を整えること。
　イ　子どもが行う具体的な活動は、生活の中で様々に変化することに留意して、子どもが望ましい方向に向かって自ら活動を展開できるよう必要な援助を行うこと。
　ウ　子どもの主体的な活動を促すためには、保育士等が多様な関わりをもつことが重要であることを踏まえ、子どもの情緒の安定や発達に必要な豊かな体験が得られるよう援助すること。
　エ　保育士等は、子どもの実態や子どもを取り巻く状況の変化などに即して保育の過程を記録するとともに、これらを踏まえ、指導計画に基づく保育の内容の見直しを行い、改善を図ること。

(4) 保育内容等の評価
　ア　保育士等の自己評価
　　(ア) 保育士等は、保育の計画や保育の記録を通して、自らの保育実践を振り返り、自己評価することを通して、その専門性の向上や保育実践の改善に努めなければならない。
　　(イ) 保育士等による自己評価に当たっては、子どもの活動内容やその結果だけでなく、子どもの心の育ちや意欲、取り組む過程などにも十分配慮するよう留意すること。

（ウ）保育士等は、自己評価における自らの保育実践の振り返りや職員相互の話し合い等を通じて、専門性の向上及び保育の質の向上のための課題を明確にするとともに、保育所全体の保育の内容に関する認識を深めること。
　イ　保育所の自己評価
　　（ア）保育所は、保育の質の向上を図るため、保育の計画の展開や保育士等の自己評価を踏まえ、当該保育所の保育の内容等について、自ら評価を行い、その結果を公表するよう努めなければならない。
　　（イ）保育所が自己評価を行うに当たっては、地域の実情や保育所の実態に即して、適切に評価の観点や項目等を設定し、全職員による共通理解をもって取り組むよう留意すること。
　　（ウ）設備運営基準第36条の趣旨を踏まえ、保育の内容等の評価に関し、保護者及び地域住民等の意見を聴くことが望ましいこと。
(5) 評価を踏まえた計画の改善
　ア　保育所は、評価の結果を踏まえ、当該保育所の保育の内容等の改善を図ること。
　イ　保育の計画に基づく保育、保育の内容の評価及びこれに基づく改善という一連の取組により、保育の質の向上が図られるよう、全職員が共通理解をもって取り組むことに留意すること。

4 幼児教育を行う施設として共有すべき事項

(1) 育みたい資質・能力
　ア　保育所においては、生涯にわたる生きる力の基礎を培うため、1の(2)に示す保育の目標を踏まえ、次に掲げる資質・能力を一体的に育むよう努めるものとする。
　　（ア）豊かな体験を通じて、感じたり、気付いたり、分かったり、できるようになったりする「知識及び技能の基礎」
　　（イ）気付いたことや、できるようになったことなどを使い、考えたり、試したり、工夫したり、表現したりする「思考力、判断力、表現力等の基礎」
　　（ウ）心情、意欲、態度が育つ中で、よりよい生活を営もうとする「学びに向かう力、人間性等」
　イ　アに示す資質・能力は、第2章に示すねらい及び内容に基づく保育活動全体によって育むものである。
(2) 幼児期の終わりまでに育ってほしい姿
　次に示す「幼児期の終わりまでに育ってほしい姿」は、第2章に示すねらい及び内容に基づく保育活動全体を通して資質・能力が育まれている子どもの小学校就学時の具体的な姿であり、保育士等が指導を行う際に考慮するものである。
　ア　健康な心と体
　　保育所の生活の中で、充実感をもって自分のやりたいことに向かって心と体を十分に働かせ、見通しをもって行動し、自ら健康で安全な生活をつくり出すようになる。
　イ　自立心
　　身近な環境に主体的に関わり様々な活動を楽しむ中で、しなければならないことを自覚し、自分の力で行うために考えたり、工夫したりしながら、諦めずにやり遂げることで達成感を味わい、自信をもって行動するようになる。
　ウ　協同性
　　友達と関わる中で、互いの思いや考えなどを共有し、共通の目的の実現に向けて、考えたり、工夫したり、協力したりし、充実感をもってやり遂げるようになる。
　エ　道徳性・規範意識の芽生え
　　友達と様々な体験を重ねる中で、してよいことや悪いことが分かり、自分の行動を振り返ったり、友達の気持ちに共感したりし、相手の立場に立って行動するようになる。また、きまりを守る必要性が分かり、自分の気持ちを調整し、友達と折り合いを付けながら、きまりをつくったり、守ったりするようになる。
　オ　社会生活との関わり
　　家族を大切にしようとする気持ちをもつとともに、地域の身近な人と触れ合う中で、人との様々な関わり方に気付き、相手の気持ちを考えて関わり、自分が役に立つ喜びを感じ、地域に親しみをもつようになる。また、保育所内外の様々な環境に関わる中で、遊びや生活に必要な情報を取り入れ、情報に基づき判断したり、情報を伝え合ったり、活用したりするなど、情報を役立てながら活動するようになるとともに、公共の施設を大切に利用するなどして、社会とのつながりなどを意識するようになる。
　カ　思考力の芽生え
　　身近な事象に積極的に関わる中で、物の性質や仕組みなどを感じ取ったり、気付いたりし、考えたり、予想したり、工夫したりするなど、多様な関わりを楽しむようになる。また、友達の様々な考えに触れる中で、自分と異なる考えがあることに気付き、自ら判断したり、考え直したりするなど、新しい考えを生み出す喜びを味わいながら、自分の考えをより

よいものにするようになる。

キ　自然との関わり・生命尊重

自然に触れて感動する体験を通して、自然の変化などを感じ取り、好奇心や探究心をもって考え言葉などで表現しながら、身近な事象への関心が高まるとともに、自然への愛情や畏敬の念をもつようになる。また、身近な動植物に心を動かされる中で、生命の不思議さや尊さに気付き、身近な動植物への接し方を考え、命あるものとしていたわり、大切にする気持ちをもって関わるようになる。

ク　数量や図形、標識や文字などへの関心・感覚

遊びや生活の中で、数量や図形、標識や文字などに親しむ体験を重ねたり、標識や文字の役割に気付いたりし、自らの必要感に基づきこれらを活用し、興味や関心、感覚をもつようになる。

ケ　言葉による伝え合い

保育士等や友達と心を通わせる中で、絵本や物語などに親しみながら、豊かな言葉や表現を身に付け、経験したことや考えたことなどを言葉で伝えたり、相手の話を注意して聞いたりし、言葉による伝え合いを楽しむようになる。

コ　豊かな感性と表現

心を動かす出来事などに触れ感性を働かせる中で、様々な素材の特徴や表現の仕方などに気付き、感じたことや考えたことを自分で表現したり、友達同士で表現する過程を楽しんだりし、表現する喜びを味わい、意欲をもつようになる。

第2章 保育の内容

この章に示す「ねらい」は、第1章の1の(2)に示された保育の目標をより具体化したものであり、子どもが保育所において、安定した生活を送り、充実した活動ができるように、保育を通じて育みたい資質・能力を、子どもの生活する姿から捉えたものである。また、「内容」は、「ねらい」を達成するために、子どもの生活やその状況に応じて保育士等が適切に行う事項と、保育士等が援助して子どもが環境に関わって経験する事項を示したものである。

保育における「養護」とは、子どもの生命の保持及び情緒の安定を図るために保育士等が行う援助や関わりであり、「教育」とは、子どもが健やかに成長し、その活動がより豊かに展開されるための発達の援助である。本章では、保育士等が、「ねらい」及び「内容」を具体的に把握するため、主に教育に関わる側面からの視点を示しているが、実際の保育においては、養護と教育が一体となって展開されることに留意する必要がある。

1　乳児保育に関わるねらい及び内容

(1)　基本的事項

ア　乳児期の発達については、視覚、聴覚などの感覚や、座る、はう、歩くなどの運動機能が著しく発達し、特定の大人との応答的な関わりを通じて、情緒的な絆（きずな）が形成されるといった特徴がある。これらの発達の特徴を踏まえて、乳児保育は、愛情豊かに、応答的に行われることが特に必要である。

イ　本項においては、この時期の発達の特徴を踏まえ、乳児保育の「ねらい」及び「内容」については、身体的発達に関する視点「健やかに伸び伸びと育つ」、社会的発達に関する視点「身近な人と気持ちが通じ合う」及び精神的発達に関する視点「身近なものと関わり感性が育つ」としてまとめ、示している。

ウ　本項の各視点において示す保育の内容は、第1章の2に示された養護における「生命の保持」及び「情緒の安定」に関わる保育の内容と、一体となって展開されるものであることに留意が必要である。

(2)　ねらい及び内容

ア　健やかに伸び伸びと育つ健康な心と体を育て、自ら健康で安全な生活をつくり出す力の基盤を培う。

(ア)　ねらい

①　身体感覚が育ち、快適な環境に心地よさを感じる。

②　伸び伸びと体を動かし、はう、歩くなどの運動をしようとする。

③　食事、睡眠等の生活のリズムの感覚が芽生える。

(イ)　内容

①　保育士等の愛情豊かな受容の下で、生理的・心理的欲求を満たし、心地よく生活をする。

②　一人一人の発育に応じて、はう、立つ、歩くなど、十分に体を動かす。

③　個人差に応じて授乳を行い、離乳を進めていく中で、様々な食品に少しずつ慣れ、食べることを楽しむ。

④　一人一人の生活のリズムに応じて、安全な環境の下で十分に午睡をする。

⑤　おむつ交換や衣服の着脱などを通じて、清潔になることの心地よさを感じる。

(ウ)　内容の取扱い

上記の取扱いに当たっては、次の事項に留意する必要がある。

①　心と体の健康は、相互に密接な関連があるものであることを踏まえ、温かい触れ合いの中で、心と体の発達を促すこと。特に、寝返り、お座り、はいはい、つかまり立ち、伝い歩きなど、発育に

応じて、遊びの中で体を動かす機会を十分に確保し、自ら体を動かそうとする意欲が育つようにすること。
② 健康な心と体を育てるためには望ましい食習慣の形成が重要であることを踏まえ、離乳食が完了期へと徐々に移行する中で、様々な食品に慣れるようにするとともに、和やかな雰囲気の中で食べる喜びや楽しさを味わい、進んで食べようとする気持ちが育つようにすること。なお、食物アレルギーのある子どもへの対応については、嘱託医等の指示や協力の下に適切に対応すること。

イ 身近な人と気持ちが通じ合う
　受容的・応答的な関わりの下で、何かを伝えようとする意欲や身近な大人との信頼関係を育て、人と関わる力の基盤を培う。
（ア）ねらい
① 安心できる関係の下で、身近な人と共に過ごす喜びを感じる。
② 体の動きや表情、発声等により、保育士等と気持ちを通わせようとする。
③ 身近な人と親しみ、関わりを深め、愛情や信頼感が芽生える。
（イ）内容
① 子どもからの働きかけを踏まえた、応答的な触れ合いや言葉がけによって、欲求が満たされ、安定感をもって過ごす。
② 体の動きや表情、発声、喃語等を優しく受け止めてもらい、保育士等とのやり取りを楽しむ。
③ 生活や遊びの中で、自分の身近な人の存在に気付き、親しみの気持ちを表す。
④ 保育士等による語りかけや歌いかけ、発声や喃語等への応答を通じて、言葉の理解や発語の意欲が育つ。
⑤ 温かく、受容的な関わりを通じて、自分を肯定する気持ちが芽生える。
（ウ）内容の取扱い
　上記の取扱いに当たっては、次の事項に留意する必要がある。
① 保育士等との信頼関係に支えられて生活を確立していくことが人と関わる基盤となることを考慮して、子どもの多様な感情を受け止め、温かく受容的・応答的に関わり、一人一人に応じた適切な援助を行うようにすること。
② 身近な人に親しみをもって接し、自分の感情などを表し、それに相手が応答する言葉を聞くことを通して、次第に言葉が獲得されていくことを考慮して、楽しい雰囲気の中での保育士等との関わり合いを大切にし、ゆっくりと優しく話しかけるなど、積極的に言葉のやり取りを楽しむことができるようにすること。

ウ 身近なものと関わり感性が育つ
　身近な環境に興味や好奇心をもって関わり、感じたことや考えたことを表現する力の基盤を培う。
（ア）ねらい
① 身の回りのものに親しみ、様々なものに興味や関心をもつ。
② 見る、触れる、探索するなど、身近な環境に自分から関わろうとする。
③ 身体の諸感覚による認識が豊かになり、表情や手足、体の動き等で表現する。
（イ）内容
① 身近な生活用具、玩具や絵本などが用意された中で、身の回りのものに対する興味や好奇心をもつ。
② 生活や遊びの中で様々なものに触れ、音、形、色、手触りなどに気付き、感覚の働きを豊かにする。
③ 保育士等と一緒に様々な色彩や形のものや絵本などを見る。
④ 玩具や身の回りのものを、つまむ、つかむ、たたく、引っ張るなど、手や指を使って遊ぶ。
⑤ 保育士等のあやし遊びに機嫌よく応じたり、歌やリズムに合わせて手足や体を動かして楽しんだりする。
（ウ）内容の取扱い
　上記の取扱いに当たっては、次の事項に留意する必要がある。
① 玩具などは、音質、形、色、大きさなど子どもの発達状態に応じて適切なものを選び、その時々の子どもの興味や関心を踏まえるなど、遊びを通して感覚の発達が促されるものとなるように工夫すること。なお、安全な環境の下で、子どもが探索意欲を満たして自由に遊べるよう、身の回りのものについては、常に十分な点検を行うこと。
② 乳児期においては、表情、発声、体の動きなどで、感情を表現することが多いことから、これらの表現しようとする意欲を積極的に受け止めて、子どもが様々な活動を楽しむことを通して表現が豊かになるようにすること。

(3) 保育の実施に関わる配慮事項
ア 乳児は疾病への抵抗力が弱く、心身の機能の未熟さに伴う疾病の発生が多いことから、一人一人の発育及び発達状態や健康状態についての適切な判断に

基づく保健的な対応を行うこと。
　イ　一人一人の子どもの生育歴の違いに留意しつつ、欲求を適切に満たし、特定の保育士が応答的に関わるように努めること。
　ウ　乳児保育に関わる職員間の連携や嘱託医との連携を図り、第3章に示す事項を踏まえ、適切に対応すること。栄養士及び看護師等が配置されている場合は、その専門性を生かした対応を図ること。
　エ　保護者との信頼関係を築きながら保育を進めるとともに、保護者からの相談に応じ、保護者への支援に努めていくこと。
　オ　担当の保育士が替わる場合には、子どものそれまでの生育歴や発達過程に留意し、職員間で協力して対応すること。

2　1歳以上3歳未満児の保育に関わるねらい及び内容

(1)　**基本的事項**
　ア　この時期においては、歩き始めから、歩く、走る、跳ぶなどへと、基本的な運動機能が次第に発達し、排泄の自立のための身体的機能も整うようになる。つまむ、めくるなどの指先の機能も発達し、食事、衣類の着脱なども、保育士等の援助の下で自分で行うようになる。発声も明瞭になり、語彙も増加し、自分の意思や欲求を言葉で表出できるようになる。このように自分でできることが増えてくる時期であることから、保育士等は、子どもの生活の安定を図りながら、自分でしようとする気持ちを尊重し、温かく見守るとともに、愛情豊かに、応答的に関わることが必要である。
　イ　本項においては、この時期の発達の特徴を踏まえ、保育の「ねらい」及び「内容」について、心身の健康に関する領域「健康」、人との関わりに関する領域「人間関係」、身近な環境との関わりに関する領域「環境」、言葉の獲得に関する領域「言葉」及び感性と表現に関する領域「表現」としてまとめ、示している。
　ウ　本項の各領域において示す保育の内容は、第1章の2に示された養護における「生命の保持」及び「情緒の安定」に関わる保育の内容と、一体となって展開されるものであることに留意が必要である。

(2)　**ねらい及び内容**
　ア　健康
　　健康な心と体を育て、自ら健康で安全な生活をつくり出す力を養う。
　　(ア)　ねらい
　　　①　明るく伸び伸びと生活し、自分から体を動かすことを楽しむ。
　　　②　自分の体を十分に動かし、様々な動きをしようとする。
　　　③　健康、安全な生活に必要な習慣に気付き、自分でしてみようとする気持ちが育つ。
　　(イ)　内容
　　　①　保育士等の愛情豊かな受容の下で、安定感をもって生活をする。
　　　②　食事や午睡、遊びと休息など、保育所における生活のリズムが形成される。
　　　③　走る、跳ぶ、登る、押す、引っ張るなど全身を使う遊びを楽しむ。
　　　④　様々な食品や調理形態に慣れ、ゆったりとした雰囲気の中で食事や間食を楽しむ。
　　　⑤　身の回りを清潔に保つ心地よさを感じ、その習慣が少しずつ身に付く。
　　　⑥　保育士等の助けを借りながら、衣類の着脱を自分でしようとする。
　　　⑦　便器での排泄に慣れ、自分で排泄ができるようになる。
　　(ウ)　内容の取扱い
　　　上記の取扱いに当たっては、次の事項に留意する必要がある。
　　　①　心と体の健康は、相互に密接な関連があるものであることを踏まえ、子どもの気持ちに配慮した温かい触れ合いの中で、心と体の発達を促すこと。特に、一人一人の発達に応じて、体を動かす機会を十分に確保し、自ら体を動かそうとする意欲が育つようにすること。
　　　②　健康な心と体を育てるためには望ましい食習慣の形成が重要であることを踏まえ、ゆったりとした雰囲気の中で食べる喜びや楽しさを味わい、進んで食べようとする気持ちが育つようにすること。なお、食物アレルギーのある子どもへの対応については、嘱託医等の指示や協力の下に適切に対応すること。
　　　③　排泄の習慣については、一人一人の排尿間隔等を踏まえ、おむつが汚れていないときに便器に座らせるなどにより、少しずつ慣れさせるようにすること。
　　　④　食事、排泄、睡眠、衣類の着脱、身の回りを清潔にすることなど、生活に必要な基本的な習慣については、一人一人の状態に応じ、落ち着いた雰囲気の中で行うようにし、子どもが自分でしようとする気持ちを尊重すること。また、基本的な生活習慣の形成に当たっては、家庭での生活経験に

配慮し、家庭との適切な連携の下で行うようにすること。

イ　人間関係

他の人々と親しみ、支え合って生活するために、自立心を育て、人と関わる力を養う。

（ア）ねらい
① 保育所での生活を楽しみ、身近な人と関わる心地よさを感じる。
② 周囲の子ども等への興味や関心が高まり、関わりをもとうとする。
③ 保育所の生活の仕方に慣れ、きまりの大切さに気付く。

（イ）内容
① 保育士等や周囲の子ども等との安定した関係の中で、共に過ごす心地よさを感じる。
② 保育士等の受容的・応答的な関わりの中で、欲求を適切に満たし、安定感をもって過ごす。
③ 身の回りに様々な人がいることに気付き、徐々に他の子どもと関わりをもって遊ぶ。
④ 保育士等の仲立ちにより、他の子どもとの関わり方を少しずつ身につける。
⑤ 保育所の生活の仕方に慣れ、きまりがあることや、その大切さに気付く。
⑥ 生活や遊びの中で、年長児や保育士等の真似をしたり、ごっこ遊びを楽しんだりする。

（ウ）内容の取扱い

上記の取扱いに当たっては、次の事項に留意する必要がある。
① 保育士等との信頼関係に支えられて生活を確立するとともに、自分で何かをしようとする気持ちが旺盛になる時期であることに鑑み、そのような子どもの気持ちを尊重し、温かく見守るとともに、愛情豊かに、応答的に関わり、適切な援助を行うようにすること。
② 思い通りにいかない場合等の子どもの不安定な感情の表出については、保育士等が受容的に受け止めるとともに、そうした気持ちから立ち直る経験や感情をコントロールすることへの気付き等につなげていけるように援助すること。
③ この時期は自己と他者との違いの認識がまだ十分ではないことから、子どもの自我の育ちを見守るとともに、保育士等が仲立ちとなって、自分の気持ちを相手に伝えることや相手の気持ちに気付くことの大切さなど、友達の気持ちや友達との関わり方を丁寧に伝えていくこと。

ウ　環境

周囲の様々な環境に好奇心や探究心をもって関わり、それらを生活に取り入れていこうとする力を養う。

（ア）ねらい
① 身近な環境に親しみ、触れ合う中で、様々なものに興味や関心をもつ。
② 様々なものに関わる中で、発見を楽しんだり、考えたりしようとする。
③ 見る、聞く、触るなどの経験を通して、感覚の働きを豊かにする。

（イ）内容
① 安全で活動しやすい環境での探索活動等を通して、見る、聞く、触れる、嗅ぐ、味わうなどの感覚の働きを豊かにする。
② 玩具、絵本、遊具などに興味をもち、それらを使った遊びを楽しむ。
③ 身の回りの物に触れる中で、形、色、大きさ、量などの物の性質や仕組みに気付く。
④ 自分の物と人の物の区別や、場所的感覚など、環境を捉える感覚が育つ。
⑤ 身近な生き物に気付き、親しみをもつ。
⑥ 近隣の生活や季節の行事などに興味や関心をもつ。

（ウ）内容の取扱い

上記の取扱いに当たっては、次の事項に留意する必要がある。
① 玩具などは、音質、形、色、大きさなど子どもの発達状態に応じて適切なものを選び、遊びを通して感覚の発達が促されるように工夫すること。
② 身近な生き物との関わりについては、子どもが命を感じ、生命の尊さに気付く経験へとつながるものであることから、そうした気付きを促すような関わりとなるようにすること。
③ 地域の生活や季節の行事などに触れる際には、社会とのつながりや地域社会の文化への気付きにつながるものとなることが望ましいこと。その際、保育所内外の行事や地域の人々との触れ合いなどを通して行うこと等も考慮すること。

エ　言葉

経験したことや考えたことなどを自分なりの言葉で表現し、相手の話す言葉を聞こうとする意欲や態度を育て、言葉に対する感覚や言葉で表現する力を養う。

（ア）ねらい
① 言葉遊びや言葉で表現する楽しさを感じる。
② 人の言葉や話などを聞き、自分でも思ったことを伝えようとする。
③ 絵本や物語等に親しむとともに、言葉のやり取

りを通じて身近な人と気持ちを通わせる。
(イ) 内容
① 保育士等の応答的な関わりや話しかけにより、自ら言葉を使おうとする。
② 生活に必要な簡単な言葉に気付き、聞き分ける。
③ 親しみをもって日常の挨拶に応じる。
④ 絵本や紙芝居を楽しみ、簡単な言葉を繰り返したり、模倣をしたりして遊ぶ。
⑤ 保育士等とごっこ遊びをする中で、言葉のやり取りを楽しむ。
⑥ 保育士等を仲立ちとして、生活や遊びの中で友達との言葉のやり取りを楽しむ。
⑦ 保育士等や友達の言葉や話に興味や関心をもって、聞いたり、話したりする。

(ウ) 内容の取扱い
上記の取扱いに当たっては、次の事項に留意する必要がある。
① 身近な人に親しみをもって接し、自分の感情などを伝え、それに相手が応答し、その言葉を聞くことを通して、次第に言葉が獲得されていくものであることを考慮して、楽しい雰囲気の中で保育士等との言葉のやり取りができるようにすること。
② 子どもが自分の思いを言葉で伝えるとともに、他の子どもの話などを聞くことを通して、次第に話を理解し、言葉による伝え合いができるようになるよう、気持ちや経験等の言語化を行うことを援助するなど、子ども同士の関わりの仲立ちを行うようにすること。
③ この時期は、片言から、二語文、ごっこ遊びでのやり取りができる程度へと、大きく言葉の習得が進む時期であることから、それぞれの子どもの発達の状況に応じて、遊びや関わりの工夫など、保育の内容を適切に展開することが必要であること。

オ 表現
感じたことや考えたことを自分なりに表現することを通して、豊かな感性や表現する力を養い、創造性を豊かにする。
(ア) ねらい
① 身体の諸感覚の経験を豊かにし、様々な感覚を味わう。
② 感じたことや考えたことなどを自分なりに表現しようとする。
③ 生活や遊びの様々な体験を通して、イメージや感性が豊かになる。

(イ) 内容
① 水、砂、土、紙、粘土など様々な素材に触れて楽しむ。
② 音楽、リズムやそれに合わせた体の動きを楽しむ。
③ 生活の中で様々な音、形、色、手触り、動き、味、香りなどに気付いたり、感じたりして楽しむ。
④ 歌を歌ったり、簡単な手遊びや全身を使う遊びを楽しんだりする。
⑤ 保育士等からの話や、生活や遊びの中での出来事を通して、イメージを豊かにする。
⑥ 生活や遊びの中で、興味のあることや経験したことなどを自分なりに表現する。

(ウ) 内容の取扱い
上記の取扱いに当たっては、次の事項に留意する必要がある。
① 子どもの表現は、遊びや生活の様々な場面で表出されているものであることから、それらを積極的に受け止め、様々な表現の仕方や感性を豊かにする経験となるようにすること。
② 子どもが試行錯誤しながら様々な表現を楽しむことや、自分の力でやり遂げる充実感などに気付くよう、温かく見守るとともに、適切に援助を行うようにすること。
③ 様々な感情の表現等を通じて、子どもが自分の感情や気持ちに気付くようになる時期であることに鑑み、受容的な関わりの中で自信をもって表現をすることや、諦めずに続けた後の達成感等を感じられるような経験が蓄積されるようにすること。
④ 身近な自然や身の回りの事物に関わる中で、発見や心が動く経験が得られるよう、諸感覚を働かせることを楽しむ遊びや素材を用意するなど保育の環境を整えること。

(3) 保育の実施に関わる配慮事項
ア 特に感染症にかかりやすい時期であるので、体の状態、機嫌、食欲などの日常の状態の観察を十分に行うとともに、適切な判断に基づく保健的な対応を心がけること。
イ 探索活動が十分できるように、事故防止に努めながら活動しやすい環境を整え、全身を使う遊びなど様々な遊びを取り入れること。
ウ 自我が形成され、子どもが自分の感情や気持ちに気付くようになる重要な時期であることに鑑み、情緒の安定を図りながら、子どもの自発的な活動を尊重するとともに促していくこと。
エ 担当の保育士が替わる場合には、子どものそれま

での経験や発達過程に留意し、職員間で協力して対応すること。

3 3歳以上児の保育に関するねらい及び内容
(1) 基本的事項
ア この時期においては、運動機能の発達により、基本的な動作が一通りできるようになるとともに、基本的な生活習慣もほぼ自立できるようになる。理解する語彙数が急激に増加し、知的興味や関心も高まってくる。仲間と遊び、仲間の中の一人という自覚が生じ、集団的な遊びや協同的な活動も見られるようになる。これらの発達の特徴を踏まえて、この時期の保育においては、個の成長と集団としての活動の充実が図られるようにしなければならない。
イ 本項においては、この時期の発達の特徴を踏まえ、保育の「ねらい」及び「内容」について、心身の健康に関する領域「健康」、人との関わりに関する領域「人間関係」、身近な環境との関わりに関する領域「環境」、言葉の獲得に関する領域「言葉」及び感性と表現に関する領域「表現」としてまとめ、示している。
ウ 本項の各領域において示す保育の内容は、第1章の2に示された養護における「生命の保持」及び「情緒の安定」に関わる保育の内容と、一体となって展開されるものであることに留意が必要である。

(2) ねらい及び内容
ア 健康
健康な心と体を育て、自ら健康で安全な生活をつくり出す力を養う。
(ア) ねらい
① 明るく伸び伸びと行動し、充実感を味わう。
② 自分の体を十分に動かし、進んで運動しようとする。
③ 健康、安全な生活に必要な習慣や態度を身に付け、見通しをもって行動する。
(イ) 内容
① 保育士等や友達と触れ合い、安定感をもって行動する。
② いろいろな遊びの中で十分に体を動かす。
③ 進んで戸外で遊ぶ。
④ 様々な活動に親しみ、楽しんで取り組む。
⑤ 保育士等や友達と食べることを楽しみ、食べ物への興味や関心をもつ。
⑥ 健康な生活のリズムを身に付ける。
⑦ 身の回りを清潔にし、衣服の着脱、食事、排泄などの生活に必要な活動を自分でする。
⑧ 保育所における生活の仕方を知り、自分たちで生活の場を整えながら見通しをもって行動する。
⑨ 自分の健康に関心をもち、病気の予防などに必要な活動を進んで行う。
⑩ 危険な場所、危険な遊び方、災害時などの行動の仕方が分かり、安全に気を付けて行動する。
(ウ) 内容の取扱い
上記の取扱いに当たっては、次の事項に留意する必要がある。
① 心と体の健康は、相互に密接な関連があるものであることを踏まえ、子どもが保育士等や他の子どもとの温かい触れ合いの中で自己の存在感や充実感を味わうことなどを基盤として、しなやかな心と体の発達を促すこと。特に、十分に体を動かす気持ちよさを体験し、自ら体を動かそうとする意欲が育つようにすること。
② 様々な遊びの中で、子どもが興味や関心、能力に応じて全身を使って活動することにより、体を動かす楽しさを味わい、自分の体を大切にしようとする気持ちが育つようにすること。その際、多様な動きを経験する中で、体の動きを調整するようにすること。
③ 自然の中で伸び伸びと体を動かして遊ぶことにより、体の諸機能の発達が促されることに留意し、子どもの興味や関心が戸外にも向くようにすること。その際、子どもの動線に配慮した園庭や遊具の配置などを工夫すること。
④ 健康な心と体を育てるためには食育を通じた望ましい食習慣の形成が大切であることを踏まえ、子どもの食生活の実情に配慮し、和やかな雰囲気の中で保育士等や他の子どもと食べる喜びや楽しさを味わったり、様々な食べ物への興味や関心をもったりするなどし、食の大切さに気付き、進んで食べようとする気持ちが育つようにすること。
⑤ 基本的な生活習慣の形成に当たっては、家庭での生活経験に配慮し、子どもの自立心を育て、子どもが他の子どもと関わりながら主体的な活動を展開する中で、生活に必要な習慣を身に付け、次第に見通しをもって行動できるようにすること。
⑥ 安全に関する指導に当たっては、情緒の安定を図り、遊びを通して安全についての構えを身に付け、危険な場所や事物などが分かり、安全についての理解を深めるようにすること。また、交通安全の習慣を身に付けるようにするとともに、避難訓練などを通して、災害などの緊急時に適切な行動がとれるようにすること。

イ 人間関係

他の人々と親しみ、支え合って生活するために、自立心を育て、人と関わる力を養う。

(ア) ねらい
① 保育所の生活を楽しみ、自分の力で行動することの充実感を味わう。
② 身近な人と親しみ、関わりを深め、工夫したり、協力したりして一緒に活動する楽しさを味わい、愛情や信頼感をもつ。
③ 社会生活における望ましい習慣や態度を身に付ける。

(イ) 内容
① 保育士等や友達と共に過ごすことの喜びを味わう。
② 自分で考え、自分で行動する。
③ 自分でできることは自分でする。
④ いろいろな遊びを楽しみながら物事をやり遂げようとする気持ちをもつ。
⑤ 友達と積極的に関わりながら喜びや悲しみを共感し合う。
⑥ 自分の思ったことを相手に伝え、相手の思っていることに気付く。
⑦ 友達のよさに気付き、一緒に活動する楽しさを味わう。
⑧ 友達と楽しく活動する中で、共通の目的を見いだし、工夫したり、協力したりなどする。
⑨ よいことや悪いことがあることに気付き、考えながら行動する。
⑩ 友達との関わりを深め、思いやりをもつ。
⑪ 友達と楽しく生活する中できまりの大切さに気付き、守ろうとする。
⑫ 共同の遊具や用具を大切にし、皆で使う。
⑬ 高齢者をはじめ地域の人々などの自分の生活に関係の深いいろいろな人に親しみをもつ。

(ウ) 内容の取扱い

上記の取扱いに当たっては、次の事項に留意する必要がある。
① 保育士等との信頼関係に支えられて自分自身の生活を確立していくことが人と関わる基盤となることを考慮し、子どもが自ら周囲に働き掛けることにより多様な感情を体験し、試行錯誤しながら諦めずにやり遂げることの達成感や、前向きな見通しをもって自分の力で行うことの充実感を味わうことができるよう、子どもの行動を見守りながら適切な援助を行うようにすること。
② 一人一人を生かした集団を形成しながら人と関わる力を育てていくようにすること。その際、集団の生活の中で、子どもが自己を発揮し、保育士等や他の子どもに認められる体験をし、自分のよさや特徴に気付き、自信をもって行動できるようにすること。
③ 子どもが互いに関わりを深め、協同して遊ぶようになるため、自ら行動する力を育てるとともに、他の子どもと試行錯誤しながら活動を展開する楽しさや共通の目的が実現する喜びを味わうことができるようにすること。
④ 道徳性の芽生えを培うに当たっては、基本的な生活習慣の形成を図るとともに、子どもが他の子どもとの関わりの中で他人の存在に気付き、相手を尊重する気持ちをもって行動できるようにし、また、自然や身近な動植物に親しむことなどを通して豊かな心情が育つようにすること。特に、人に対する信頼感や思いやりの気持ちは、葛藤やつまずきをも体験し、それらを乗り越えることにより次第に芽生えてくることに配慮すること。
⑤ 集団の生活を通して、子どもが人との関わりを深め、規範意識の芽生えが培われることを考慮し、子どもが保育士等との信頼関係に支えられて自己を発揮する中で、互いに思いを主張し、折り合いを付ける体験をし、きまりの必要性などに気付き、自分の気持ちを調整する力が育つようにすること。
⑥ 高齢者をはじめ地域の人々などの自分の生活に関係の深いいろいろな人と触れ合い、自分の感情や意志を表現しながら共に楽しみ、共感し合う体験を通して、これらの人々などに親しみをもち、人と関わることの楽しさや人の役に立つ喜びを味わうことができるようにすること。また、生活を通して親や祖父母などの家族の愛情に気付き、家族を大切にしようとする気持ちが育つようにすること。

ウ 環境

周囲の様々な環境に好奇心や探究心をもって関わり、それらを生活に取り入れていこうとする力を養う。

(ア) ねらい
① 身近な環境に親しみ、自然と触れ合う中で様々な事象に興味や関心をもつ。
② 身近な環境に自分から関わり、発見を楽しんだり、考えたりし、それを生活に取り入れようとする。
③ 身近な事象を見たり、考えたり、扱ったりする中で、物の性質や数量、文字などに対する感覚を

豊かにする。
(イ) 内容
① 自然に触れて生活し、その大きさ、美しさ、不思議さなどに気付く。
② 生活の中で、様々な物に触れ、その性質や仕組みに興味や関心をもつ。
③ 季節により自然や人間の生活に変化のあることに気付く。
④ 自然などの身近な事象に関心をもち、取り入れて遊ぶ。
⑤ 身近な動植物に親しみをもって接し、生命の尊さに気付き、いたわったり、大切にしたりする。
⑥ 日常生活の中で、我が国や地域社会における様々な文化や伝統に親しむ。
⑦ 身近な物を大切にする。
⑧ 身近な物や遊具に興味をもって関わり、自分なりに比べたり、関連付けたりしながら考えたり、試したりして工夫して遊ぶ。
⑨ 日常生活の中で数量や図形などに関心をもつ。
⑩ 日常生活の中で簡単な標識や文字などに関心をもつ。
⑪ 生活に関係の深い情報や施設などに興味や関心をもつ。
⑫ 保育所内外の行事において国旗に親しむ。
(ウ) 内容の取扱い
上記の取扱いに当たっては、次の事項に留意する必要がある。
① 子どもが、遊びの中で周囲の環境と関わり、次第に周囲の世界に好奇心を抱き、その意味や操作の仕方に関心をもち、物事の法則性に気付き、自分なりに考えることができるようになる過程を大切にすること。また、他の子どもの考えなどに触れて新しい考えを生み出す喜びや楽しさを味わい、自分の考えをよりよいものにしようとする気持ちが育つようにすること。
② 幼児期において自然のもつ意味は大きく、自然の大きさ、美しさ、不思議さなどに直接触れる体験を通して、子どもの心が安らぎ、豊かな感情、好奇心、思考力、表現力の基礎が培われることを踏まえ、子どもが自然との関わりを深めることができるよう工夫すること。
③ 身近な事象や動植物に対する感動を伝え合い、共感し合うことなどを通して自分から関わろうとする意欲を育てるとともに、様々な関わり方を通してそれらに対する親しみや畏敬の念、生命を大切にする気持ち、公共心、探究心などが養われるようにすること。
④ 文化や伝統に親しむ際には、正月や節句など我が国の伝統的な行事、国歌、唱歌、わらべうたや我が国の伝統的な遊びに親しんだり、異なる文化に触れる活動に親しんだりすることを通じて、社会とのつながりの意識や国際理解の意識の芽生えなどが養われるようにすること。
⑤ 数量や文字などに関しては、日常生活の中で子ども自身の必要感に基づく体験を大切にし、数量や文字などに関する興味や関心、感覚が養われるようにすること。

エ 言葉
経験したことや考えたことなどを自分なりの言葉で表現し、相手の話す言葉を聞こうとする意欲や態度を育て、言葉に対する感覚や言葉で表現する力を養う。
(ア) ねらい
① 自分の気持ちを言葉で表現する楽しさを味わう。
② 人の言葉や話などをよく聞き、自分の経験したことや考えたことを話し、伝え合う喜びを味わう。
③ 日常生活に必要な言葉が分かるようになるとともに、絵本や物語などに親しみ、言葉に対する感覚を豊かにし、保育士等や友達と心を通わせる。
(イ) 内容
① 保育士等や友達の言葉や話に興味や関心をもち、親しみをもって聞いたり、話したりする。
② したり、見たり、聞いたり、感じたり、考えたりなどしたことを自分なりに言葉で表現する。
③ したいこと、してほしいことを言葉で表現したり、分からないことを尋ねたりする。
④ 人の話を注意して聞き、相手に分かるように話す。
⑤ 生活の中で必要な言葉が分かり、使う。
⑥ 親しみをもって日常の挨拶をする。
⑦ 生活の中で言葉の楽しさや美しさに気付く。
⑧ いろいろな体験を通じてイメージや言葉を豊かにする。
⑨ 絵本や物語などに親しみ、興味をもって聞き、想像をする楽しさを味わう。
⑩ 日常生活の中で、文字などで伝える楽しさを味わう。
(ウ) 内容の取扱い
上記の取扱いに当たっては、次の事項に留意する必要がある。
① 言葉は、身近な人に親しみをもって接し、自分の感情や意志などを伝え、それに相手が応答し、

その言葉を聞くことを通して次第に獲得されていくものであることを考慮して、子どもが保育士等や他の子どもと関わることにより心を動かされるような体験をし、言葉を交わす喜びを味わえるようにすること。
② 子どもが自分の思いを言葉で伝えるとともに、保育士等や他の子どもなどの話を興味をもって注意して聞くことを通して次第に話を理解するようになっていき、言葉による伝え合いができるようにすること。
③ 絵本や物語などで、その内容と自分の経験とを結び付けたり、想像を巡らせたりするなど、楽しみを十分に味わうことによって、次第に豊かなイメージをもち、言葉に対する感覚が養われるようにすること。
④ 子どもが生活の中で、言葉の響きやリズム、新しい言葉や表現などに触れ、これらを使う楽しさを味わえるようにすること。その際、絵本や物語に親しんだり、言葉遊びなどをしたりすることを通して、言葉が豊かになるようにすること。
⑤ 子どもが日常生活の中で、文字などを使いながら思ったことや考えたことを伝える喜びや楽しさを味わい、文字に対する興味や関心をもつようにすること。

オ 表現
感じたことや考えたことを自分なりに表現することを通して、豊かな感性や表現する力を養い、創造性を豊かにする。
(ア) ねらい
① いろいろなものの美しさなどに対する豊かな感性をもつ。
② 感じたことや考えたことを自分なりに表現して楽しむ。
③ 生活の中でイメージを豊かにし、様々な表現を楽しむ。
(イ) 内容
① 生活の中で様々な音、形、色、手触り、動きなどに気付いたり、感じたりするなどして楽しむ。
② 生活の中で美しいものや心を動かす出来事に触れ、イメージを豊かにする。
③ 様々な出来事の中で、感動したことを伝え合う楽しさを味わう。
④ 感じたこと、考えたことなどを音や動きなどで表現したり、自由にかいたり、つくったりなどする。
⑤ いろいろな素材に親しみ、工夫して遊ぶ。
⑥ 音楽に親しみ、歌を歌ったり、簡単なリズム楽器を使ったりなどする楽しさを味わう。
⑦ かいたり、つくったりすることを楽しみ、遊びに使ったり、飾ったりなどする。
⑧ 自分のイメージを動きや言葉などで表現したり、演じて遊んだりするなどの楽しさを味わう。
(ウ) 内容の取扱い
上記の取扱いに当たっては、次の事項に留意する必要がある。
① 豊かな感性は、身近な環境と十分に関わる中で美しいもの、優れたもの、心を動かす出来事などに出会い、そこから得た感動を他の子どもや保育士等と共有し、様々に表現することなどを通して養われるようにすること。その際、風の音や雨の音、身近にある草や花の形や色など自然の中にある音、形、色などに気付くようにすること。
② 子どもの自己表現は素朴な形で行われることが多いので、保育士等はそのような表現を受容し、子ども自身の表現しようとする意欲を受け止めて、子どもが生活の中で子どもらしい様々な表現を楽しむことができるようにすること。
③ 生活経験や発達に応じ、自ら様々な表現を楽しみ、表現する意欲を十分に発揮させることができるように、遊具や用具などを整えたり、様々な素材や表現の仕方に親しんだり、他の子どもの表現に触れられるよう配慮したりし、表現する過程を大切にして自己表現を楽しめるように工夫すること。

(3) 保育の実施に関わる配慮事項
ア 第1章の4の(2)に示す「幼児期の終わりまでに育ってほしい姿」が、ねらい及び内容に基づく活動全体を通して資質・能力が育まれている子どもの小学校就学時の具体的な姿であることを踏まえ、指導を行う際には適宜考慮すること。
イ 子どもの発達や成長の援助をねらいとした活動の時間については、意識的に保育の計画等において位置付けて、実施することが重要であること。なお、そのような活動の時間については、保護者の就労状況等に応じて子どもが保育所で過ごす時間がそれぞれ異なることに留意して設定すること。
ウ 特に必要な場合には、各領域に示すねらいの趣旨に基づいて、具体的な内容を工夫し、それを加えても差し支えないが、その場合には、それが第1章の1に示す保育所保育に関する基本原則を逸脱しないよう慎重に配慮する必要があること。

4 保育の実施に関して留意すべき事項
(1) 保育全般に関わる配慮事項
　ア　子どもの心身の発達及び活動の実態などの個人差を踏まえるとともに、一人一人の子どもの気持ちを受け止め、援助すること。
　イ　子どもの健康は、生理的・身体的な育ちとともに、自主性や社会性、豊かな感性の育ちとがあいまってもたらされることに留意すること。
　ウ　子どもが自ら周囲に働きかけ、試行錯誤しつつ自分の力で行う活動を見守りながら、適切に援助すること。
　エ　子どもの入所時の保育に当たっては、できるだけ個別的に対応し、子どもが安定感を得て、次第に保育所の生活になじんでいくようにするとともに、既に入所している子どもに不安や動揺を与えないようにすること。
　オ　子どもの国籍や文化の違いを認め、互いに尊重する心を育てるようにすること。
　カ　子どもの性差や個人差にも留意しつつ、性別などによる固定的な意識を植え付けることがないようにすること。
(2) 小学校との連携
　ア　保育所においては、保育所保育が、小学校以降の生活や学習の基盤の育成につながることに配慮し、幼児期にふさわしい生活を通じて、創造的な思考や主体的な生活態度などの基礎を培うようにすること。
　イ　保育所保育において育まれた資質・能力を踏まえ、小学校教育が円滑に行われるよう、小学校教師との意見交換や合同の研究の機会などを設け、第1章の4の(2)に示す「幼児期の終わりまでに育って欲しい姿」を共有するなど連携を図り、保育所保育と小学校教育との円滑な接続を図るよう努めること。
　ウ　子どもに関する情報共有に関して、保育所に入所している子どもの就学に際し、市町村の支援の下に、子どもの育ちを支えるための資料が保育所から小学校へ送付されるようにすること。
(3) 家庭及び地域社会との連携
　子どもの生活の連続性を踏まえ、家庭及び地域社会と連携して保育が展開されるよう配慮すること。その際、家庭や地域の機関及び団体の協力を得て、地域の自然、高齢者や異年齢の子ども等を含む人材、行事、施設等の地域の資源を積極的に活用し、豊かな生活体験をはじめ保育内容の充実が図られるよう配慮すること。

第3章 健康及び安全
　保育所保育において、子どもの健康及び安全の確保は、子どもの生命の保持と健やかな生活の基本であり、一人一人の子どもの健康の保持及び増進並びに安全の確保とともに、保育所全体における健康及び安全の確保に努めることが重要となる。また、子どもが、自らの体や健康に関心をもち、心身の機能を高めていくことが大切である。このため、第1章及び第2章等の関連する事項に留意し、次に示す事項を踏まえ、保育を行うこととする。

1 子どもの健康支援
(1) 子どもの健康状態並びに発育及び発達状態の把握
　ア　子どもの心身の状態に応じて保育するために、子どもの健康状態並びに発育及び発達状態について、定期的・継続的に、また、必要に応じて随時、把握すること。
　イ　保護者からの情報とともに、登所時及び保育中を通じて子どもの状態を観察し、何らかの疾病が疑われる状態や傷害が認められた場合には、保護者に連絡するとともに、嘱託医と相談するなど適切な対応を図ること。看護師等が配置されている場合には、その専門性を生かした対応を図ること。
　ウ　子どもの心身の状態等を観察し、不適切な養育の兆候が見られる場合には、市町村や関係機関と連携し、児童福祉法第25条に基づき、適切な対応を図ること。また、虐待が疑われる場合には、速やかに市町村又は児童相談所に通告し、適切な対応を図ること。
(2) 健康増進
　ア　子どもの健康に関する保健計画を全体的な計画に基づいて作成し、全職員がそのねらいや内容を踏まえ、一人一人の子どもの健康の保持及び増進に努めていくこと。
　イ　子どもの心身の健康状態や疾病等の把握のために、嘱託医等により定期的に健康診断を行い、その結果を記録し、保育に活用するとともに、保護者が子どもの状態を理解し、日常生活に活用できるようにすること。
(3) 疾病等への対応
　ア　保育中に体調不良や傷害が発生した場合には、その子どもの状態等に応じて、保護者に連絡するとともに、適宜、嘱託医や子どものかかりつけ医等と相談し、適切な処置を行うこと。看護師等が配置されている場合には、その専門性を生かした対応を図ること。
　イ　感染症やその他の疾病の発生予防に努め、その発

生や疑いがある場合には、必要に応じて嘱託医、市町村、保健所等に連絡し、その指示に従うとともに、保護者や全職員に連絡し、予防等について協力を求めること。また、感染症に関する保育所の対応方法等について、あらかじめ関係機関の協力を得ておくこと。看護師等が配置されている場合には、その専門性を生かした対応を図ること。

ウ　アレルギー疾患を有する子どもの保育については、保護者と連携し、医師の診断及び指示に基づき、適切な対応を行うこと。また、食物アレルギーに関して、関係機関と連携して、当該保育所の体制構築など、安全な環境の整備を行うこと。看護師や栄養士等が配置されている場合には、その専門性を生かした対応を図ること。

エ　子どもの疾病等の事態に備え、医務室等の環境を整え、救急用の薬品、材料等を適切な管理の下に常備し、全職員が対応できるようにしておくこと。

2　食育の推進

(1)　保育所の特性を生かした食育

ア　保育所における食育は、健康な生活の基本としての「食を営む力」の育成に向け、その基礎を培うことを目標とすること。

イ　子どもが生活と遊びの中で、意欲をもって食に関わる体験を積み重ね、食べることを楽しみ、食事を楽しみ合う子どもに成長していくことを期待するものであること。

ウ　乳幼児期にふさわしい食生活が展開され、適切な援助が行われるよう、食事の提供を含む食育計画を全体的な計画に基づいて作成し、その評価及び改善に努めること。栄養士が配置されている場合は、専門性を生かした対応を図ること。

(2)　食育の環境の整備等

ア　子どもが自らの感覚や体験を通して、自然の恵みとしての食材や食の循環・環境への意識、調理する人への感謝の気持ちが育つように、子どもと調理員等との関わりや、調理室など食に関わる保育環境に配慮すること。

イ　保護者や地域の多様な関係者との連携及び協働の下で、食に関する取組が進められること。また、市町村の支援の下に、地域の関係機関等との日常的な連携を図り、必要な協力が得られるよう努めること。

ウ　体調不良、食物アレルギー、障害のある子どもなど、一人一人の子どもの心身の状態等に応じ、嘱託医、かかりつけ医等の指示や協力の下に適切に対応すること。栄養士が配置されている場合は、専門性を生かした対応を図ること。

3　環境及び衛生管理並びに安全管理

(1)　環境及び衛生管理

ア　施設の温度、湿度、換気、採光、音などの環境を常に適切な状態に保持するとともに、施設内外の設備及び用具等の衛生管理に努めること。

イ　施設内外の適切な環境の維持に努めるとともに、子ども及び全職員が清潔を保つようにすること。また、職員は衛生知識の向上に努めること。

(2)　事故防止及び安全対策

ア　保育中の事故防止のために、子どもの心身の状態等を踏まえつつ、施設内外の安全点検に努め、安全対策のために全職員の共通理解や体制づくりを図るとともに、家庭や地域の関係機関の協力の下に安全指導を行うこと。

イ　事故防止の取組を行う際には、特に、睡眠中、プール活動・水遊び中、食事中等の場面では重大事故が発生しやすいことを踏まえ、子どもの主体的な活動を大切にしつつ、施設内外の環境の配慮や指導の工夫を行うなど、必要な対策を講じること。

ウ　保育中の事故の発生に備え、施設内外の危険箇所の点検や訓練を実施するとともに、外部からの不審者等の侵入防止のための措置や訓練など不測の事態に備えて必要な対応を行うこと。また、子どもの精神保健面における対応に留意すること。

4　災害への備え

(1)　施設・設備等の安全確保

ア　防火設備、避難経路等の安全性が確保されるよう、定期的にこれらの安全点検を行うこと。

イ　備品、遊具等の配置、保管を適切に行い、日頃から、安全環境の整備に努めること。

(2)　災害発生時の対応体制及び避難への備え

ア　火災や地震などの災害の発生に備え、緊急時の対応の具体的内容及び手順、職員の役割分担、避難訓練計画等に関するマニュアルを作成すること。

イ　定期的に避難訓練を実施するなど、必要な対応を図ること。

ウ　災害の発生時に、保護者等への連絡及び子どもの引渡しを円滑に行うため、日頃から保護者との密接な連携に努め、連絡体制や引渡し方法等について確認をしておくこと。

(3)　地域の関係機関等との連携

ア　市町村の支援の下に、地域の関係機関との日常的な連携を図り、必要な協力が得られるよう努めるこ

と。
イ 避難訓練については、地域の関係機関や保護者との連携の下に行うなど工夫すること。

第4章 子育て支援

保育所における保護者に対する子育て支援は、全ての子どもの健やかな育ちを実現することができるよう、第1章及び第2章等の関連する事項を踏まえ、子どもの育ちを家庭と連携して支援していくとともに、保護者及び地域が有する子育てを自ら実践する力の向上に資するよう、次の事項に留意するものとする。

1 保育所における子育て支援に関する基本的事項
(1) 保育所の特性を生かした子育て支援
ア 保護者に対する子育て支援を行う際には、各地域や家庭の実態等を踏まえるとともに、保護者の気持ちを受け止め、相互の信頼関係を基本に、保護者の自己決定を尊重すること。
イ 保育及び子育てに関する知識や技術など、保育士等の専門性や、子どもが常に存在する環境など、保育所の特性を生かし、保護者が子どもの成長に気付き子育ての喜びを感じられるように努めること。
(2) 子育て支援に関して留意すべき事項
ア 保護者に対する子育て支援における地域の関係機関等との連携及び協働を図り、保育所全体の体制構築に努めること。
イ 子どもの利益に反しない限りにおいて、保護者や子どものプライバシーを保護し、知り得た事柄の秘密を保持すること。

2 保育所を利用している保護者に対する子育て支援
(1) 保護者との相互理解
ア 日常の保育に関連した様々な機会を活用し子どもの日々の様子の伝達や収集、保育所保育の意図の説明などを通じて、保護者との相互理解を図るよう努めること。
イ 保育の活動に対する保護者の積極的な参加は、保護者の子育てを自ら実践する力の向上に寄与することから、これを促すこと。
(2) 保護者の状況に配慮した個別の支援
ア 保護者の就労と子育ての両立等を支援するため、保護者の多様化した保育の需要に応じ、病児保育事業など多様な事業を実施する場合には、保護者の状況に配慮するとともに、子どもの福祉が尊重されるよう努め、子どもの生活の連続性を考慮すること。
イ 子どもに障害や発達上の課題が見られる場合には、市町村や関係機関と連携及び協力を図りつつ、保護者に対する個別の支援を行うよう努めること。
ウ 外国籍家庭など、特別な配慮を必要とする家庭の場合には、状況等に応じて個別の支援を行うよう努めること。
(3) 不適切な養育等が疑われる家庭への支援
ア 保護者に育児不安等が見られる場合には、保護者の希望に応じて個別の支援を行うよう努めること。
イ 保護者に不適切な養育等が疑われる場合には、市町村や関係機関と連携し、要保護児童対策地域協議会で検討するなど適切な対応を図ること。また、虐待が疑われる場合には、速やかに市町村又は児童相談所に通告し、適切な対応を図ること。

3 地域の保護者等に対する子育て支援
(1) 地域に開かれた子育て支援
ア 保育所は、児童福祉法第48条の4の規定に基づき、その行う保育に支障がない限りにおいて、地域の実情や当該保育所の体制等を踏まえ、地域の保護者等に対して、保育所保育の専門性を生かした子育て支援を積極的に行うよう努めること。
イ 地域の子どもに対する一時預かり事業などの活動を行う際には、一人一人の子どもの心身の状態などを考慮するとともに、日常の保育との関連に配慮するなど、柔軟に活動を展開できるようにすること。
(2) 地域の関係機関等との連携
ア 市町村の支援を得て、地域の関係機関等との積極的な連携及び協働を図るとともに、子育て支援に関する地域の人材と積極的に連携を図るよう努めること。
イ 地域の要保護児童への対応など、地域の子どもを巡る諸課題に対し、要保護児童対策地域協議会など関係機関等と連携及び協力して取り組むよう努めること。

第5章 職員の資質向上

第1章から前章までに示された事項を踏まえ、保育所は、質の高い保育を展開するため、絶えず、一人一人の職員についての資質向上及び職員全体の専門性の向上を図るよう努めなければならない。

1 職員の資質向上に関する基本的事項
(1) 保育所職員に求められる専門性
子どもの最善の利益を考慮し、人権に配慮した保育を行うためには、職員一人一人の倫理観、人間性並びに保育所職員としての職務及び責任の理解と自覚が基盤とな

る。各職員は、自己評価に基づく課題等を踏まえ、保育所内外の研修等を通じて、保育士・看護師・調理員・栄養士等、それぞれの職務内容に応じた専門性を高めるため、必要な知識及び技術の修得、維持及び向上に努めなければならない。

(2) 保育の質の向上に向けた組織的な取組

保育所においては、保育の内容等に関する自己評価等を通じて把握した、保育の質の向上に向けた課題に組織的に対応するため、保育内容の改善や保育士等の役割分担の見直し等に取り組むとともに、それぞれの職位や職務内容等に応じて、各職員が必要な知識及び技能を身につけられるよう努めなければならない。

2 施設長の責務

(1) 施設長の責務と専門性の向上

施設長は、保育所の役割や社会的責任を遂行するために、法令等を遵守し、保育所を取り巻く社会情勢等を踏まえ、施設長としての専門性等の向上に努め、当該保育所における保育の質及び職員の専門性向上のために必要な環境の確保に努めなければならない。

(2) 職員の研修機会の確保等

施設長は、保育所の全体的な計画や、各職員の研修の必要性等を踏まえて、体系的・計画的な研修機会を確保するとともに、職員の勤務体制の工夫等により、職員が計画的に研修等に参加し、その専門性の向上が図られるよう努めなければならない。

3 職員の研修等

(1) 職場における研修

職員が日々の保育実践を通じて、必要な知識及び技術の修得、維持及び向上を図るとともに、保育の課題等への共通理解や協働性を高め、保育所全体としての保育の質の向上を図っていくためには、日常的に職員同士が主体的に学び合う姿勢と環境が重要であり、職場内での研修の充実が図られなければならない。

(2) 外部研修の活用

各保育所における保育の課題への的確な対応や、保育士等の専門性の向上を図るためには、職場内での研修に加え、関係機関等による研修の活用が有効であることから、必要に応じて、こうした外部研修への参加機会が確保されるよう努めなければならない。

4 研修の実施体制等

(1) 体系的な研修計画の作成

保育所においては、当該保育所における保育の課題や各職員のキャリアパス等も見据えて、初任者から管理職員までの職位や職務内容等を踏まえた体系的な研修計画を作成しなければならない。

(2) 組織内での研修成果の活用

外部研修に参加する職員は、自らの専門性の向上を図るとともに、保育所における保育の課題を理解し、その解決を実践できる力を身に付けることが重要である。また、研修で得た知識及び技能を他の職員と共有することにより、保育所全体としての保育実践の質及び専門性の向上につなげていくことが求められる。

(3) 研修の実施に関する留意事項

施設長等は保育所全体としての保育実践の質及び専門性の向上のために、研修の受講は特定の職員に偏ることなく行われるよう、配慮する必要がある。また、研修を修了した職員については、その職務内容等において、当該研修の成果等が適切に勘案されることが望ましい。

資料：幼稚園教育要領

第1章　総則
第1　幼稚園教育の基本
　幼児期の教育は，生涯にわたる人格形成の基礎を培う重要なものであり，幼稚園教育は，学校教育法に規定する目的及び目標を達成するため，幼児期の特性を踏まえ，環境を通して行うものであることを基本とする。
このため教師は，幼児との信頼関係を十分に築き，幼児が身近な環境に主体的に関わり，環境との関わり方や意味に気付き，これらを取り込もうとして，試行錯誤したり，考えたりするようになる幼児期の教育における見方・考え方を生かし，幼児と共によりよい教育環境を創造するように努めるものとする。これらを踏まえ，次に示す事項を重視して教育を行わなければならない。
1　幼児は安定した情緒の下で自己を十分に発揮することにより発達に必要な体験を得ていくものであることを考慮して，幼児の主体的な活動を促し，幼児期にふさわしい生活が展開されるようにすること。
2　幼児の自発的な活動としての遊びは，心身の調和のとれた発達の基礎を培う重要な学習であることを考慮して，遊びを通しての指導を中心として第2章に示すねらいが総合的に達成されるようにすること。
3　幼児の発達は，心身の諸側面が相互に関連し合い，多様な経過をたどって成し遂げられていくものであること，また，幼児の生活経験がそれぞれ異なることなどを考慮して，幼児一人一人の特性に応じ，発達の課題に即した指導を行うようにすること。
　　その際，教師は，幼児の主体的な活動が確保されるよう幼児一人一人の行動の理解と予想に基づき，計画的に環境を構成しなければならない。この場合において，教師は，幼児と人やものとの関わりが重要であることを踏まえ，教材を工夫し，物的・空間的環境を構成しなければならない。また，幼児一人一人の活動の場面に応じて，様々な役割を果たし，その活動を豊かにしなければならない。

第2　幼稚園教育において育みたい資質・能力及び「幼児期の終わりまでに育ってほしい姿」
1　幼稚園においては，生きる力の基礎を育むため，この章の第1に示す幼稚園教育の基本を踏まえ，次に掲げる資質・能力を一体的に育むよう努めるものとする。
　(1)　豊かな体験を通じて，感じたり，気付いたり，分かったり，できるようになったりする「知識及び技能の基礎」
　(2)　気付いたことや，できるようになったことなどを使い，考えたり，試したり，工夫したり，表現したりする「思考力，判断力，表現力等の基礎」
　(3)　心情，意欲，態度が育つ中で，よりよい生活を営もうとする「学びに向かう力，人間性等」
2　1に示す資質・能力は，第2章に示すねらい及び内容に基づく活動全体によって育むものである。
3　次に示す「幼児期の終わりまでに育ってほしい姿」は，第2章に示すねらい及び内容に基づく活動全体を通して資質・能力が育まれている幼児の幼稚園修了時の具体的な姿であり，教師が指導を行う際に考慮するものである。
　(1)　健康な心と体
　　　幼稚園生活の中で，充実感をもって自分のやりたいことに向かって心と体を十分に働かせ，見通しをもって行動し，自ら健康で安全な生活をつくり出すようになる。
　(2)　自立心
　　　身近な環境に主体的に関わり様々な活動を楽しむ中で，しなければならないことを自覚し，自分の力で行うために考えたり，工夫したりしながら，諦めずにやり遂げることで達成感を味わい，自信をもって行動するようになる。
　(3)　協同性
　　　友達と関わる中で，互いの思いや考えなどを共有し，共通の目的の実現に向けて，考えたり，工夫したり，協力したりし，充実感をもってやり遂げるようになる。
　(4)　道徳性・規範意識の芽生え
　　　友達と様々な体験を重ねる中で，してよいことや悪いことが分かり，自分の行動を振り返ったり，友達の気持ちに共感したりし，相手の立場に立って行動するようになる。また，きまりを守る必要性が分かり，自分の気持ちを調整し，友達と折り合いを付けながら，きまりをつくったり，守ったりするようになる。
　(5)　社会生活との関わり
　　　家族を大切にしようとする気持ちをもつとともに，地域の身近な人と触れ合う中で，人との様々な関わり方に気付き，相手の気持ちを考えて関わり，自分が役に立つ喜びを感じ，地域に親しみをもつようになる。また，幼稚園内外の様々な環境に関わる中で，遊びや生活に必要な情報を取り入れ，情報に基づき判断したり，情報を伝え合ったり，活用したりするなど，情報を役立てながら活動するようにな

(6) 思考力の芽生え

身近な事象に積極的に関わる中で、物の性質や仕組みなどを感じ取ったり、気付いたりし、考えたり、予想したり、工夫したりするなど、多様な関わりを楽しむようになる。また、友達の様々な考えに触れる中で、自分と異なる考えがあることに気付き、自ら判断したり、考え直したりするなど、新しい考えを生み出す喜びを味わいながら、自分の考えをよりよいものにするようになる。

(7) 自然との関わり・生命尊重

自然に触れて感動する体験を通して、自然の変化などを感じ取り、好奇心や探究心をもって考え言葉などで表現しながら、身近な事象への関心が高まるとともに、自然への愛情や畏敬の念をもつようになる。また、身近な動植物に心を動かされる中で、生命の不思議さや尊さに気付き、身近な動植物への接し方を考え、命あるものとしていたわり、大切にする気持ちをもって関わるようになる。

(8) 数量や図形、標識や文字などへの関心・感覚

遊びや生活の中で、数量や図形、標識や文字などに親しむ体験を重ねたり、標識や文字の役割に気付いたりし、自らの必要感に基づきこれらを活用し、興味や関心、感覚をもつようになる。

(9) 言葉による伝え合い

先生や友達と心を通わせる中で、絵本や物語などに親しみながら、豊かな言葉や表現を身に付け、経験したことや考えたことなどを言葉で伝えたり、相手の話を注意して聞いたりし、言葉による伝え合いを楽しむようになる。

(10) 豊かな感性と表現

心を動かす出来事などに触れ感性を働かせる中で、様々な素材の特徴や表現の仕方などに気付き、感じたことや考えたことを自分で表現したり、友達同士で表現する過程を楽しんだりし、表現する喜びを味わい、意欲をもつようになる。

第3 教育課程の役割と編成等

1 教育課程の役割

各幼稚園においては、教育基本法及び学校教育法その他の法令並びにこの幼稚園教育要領の示すところに従い、創意工夫を生かし、幼児の心身の発達と幼稚園及び地域の実態に即応した適切な教育課程を編成するものとする。

また、各幼稚園においては、6に示す全体的な計画にも留意しながら、「幼児期の終わりまでに育ってほしい姿」を踏まえ教育課程を編成すること、教育課程の実施状況を評価してその改善を図っていくこと、教育課程の実施に必要な人的又は物的な体制を確保するとともにその改善を図っていくことなどを通して、教育課程に基づき組織的かつ計画的に各幼稚園の教育活動の質の向上を図っていくこと（以下「カリキュラム・マネジメント」という。）に努めるものとする。

2 各幼稚園の教育目標と教育課程の編成

教育課程の編成に当たっては、幼稚園教育において育みたい資質・能力を踏まえつつ、各幼稚園の教育目標を明確にするとともに、教育課程の編成についての基本的な方針が家庭や地域とも共有されるよう努めるものとする。

3 教育課程の編成上の基本的事項

(1) 幼稚園生活の全体を通して第2章に示すねらいが総合的に達成されるよう、教育課程に係る教育期間や幼児の生活経験や発達の過程などを考慮して具体的なねらいと内容を組織するものとする。この場合においては、特に、自我が芽生え、他者の存在を意識し、自己を抑制しようとする気持ちが生まれる幼児期の発達の特性を踏まえ、入園から修了に至るまでの長期的な視野をもって充実した生活が展開できるように配慮するものとする。

(2) 幼稚園の毎学年の教育課程に係る教育週数は、特別の事情のある場合を除き、39週を下ってはならない。

(3) 幼稚園の1日の教育課程に係る教育時間は、4時間を標準とする。ただし、幼児の心身の発達の程度や季節などに適切に配慮するものとする。

4 教育課程の編成上の留意事項

教育課程の編成に当たっては、次の事項に留意するものとする。

(1) 幼児の生活は、入園当初の一人一人の遊びや教師との触れ合いを通して幼稚園生活に親しみ、安定していく時期から、他の幼児との関わりの中で幼児の主体的な活動が深まり、幼児が互いに必要な存在であることを認識するようになり、やがて幼児同士や学級全体で目的をもって協同して幼稚園生活を展開し、深めていく時期などに至るまでの過程を様々に経ながら広げられていくものであることを考慮し、活動がそれぞれの時期にふさわしく展開されるようにすること。

(2) 入園当初、特に、3歳児の入園については、家庭との連携を緊密にし、生活のリズムや安全面に十分配慮すること。また、満3歳児については、学年の

途中から入園することを考慮し，幼児が安心して幼稚園生活を過ごすことができるよう配慮すること。
(3) 幼稚園生活が幼児にとって安全なものとなるよう，教職員による協力体制の下，幼児の主体的な活動を大切にしつつ，園庭や園舎などの環境の配慮や指導の工夫を行うこと。

5 小学校教育との接続に当たっての留意事項
(1) 幼稚園においては，幼稚園教育が，小学校以降の生活や学習の基盤の育成につながることに配慮し，幼児期にふさわしい生活を通して，創造的な思考や主体的な生活態度などの基礎を培うようにするものとする。
(2) 幼稚園教育において育まれた資質・能力を踏まえ，小学校教育が円滑に行われるよう，小学校の教師との意見交換や合同の研究の機会などを設け，「幼児期の終わりまでに育ってほしい姿」を共有するなど連携を図り，幼稚園教育と小学校教育との円滑な接続を図るよう努めるものとする。

6 全体的な計画の作成
各幼稚園においては，教育課程を中心に，第3章に示す教育課程に係る教育時間の終了後等に行う教育活動の計画，学校保健計画，学校安全計画などとを関連させ，一体的に教育活動が展開されるよう全体的な計画を作成するものとする。

第4 指導計画の作成と幼児理解に基づいた評価

1 指導計画の考え方
幼稚園教育は，幼児が自ら意欲をもって環境と関わることによりつくり出される具体的な活動を通して，その目標の達成を図るものである。
幼稚園においてはこのことを踏まえ，幼児期にふさわしい生活が展開され，適切な指導が行われるよう，それぞれの幼稚園の教育課程に基づき，調和のとれた組織的，発展的な指導計画を作成し，幼児の活動に沿った柔軟な指導を行わなければならない。

2 指導計画の作成上の基本的事項
(1) 指導計画は，幼児の発達に即して一人一人の幼児が幼児期にふさわしい生活を展開し，必要な体験を得られるようにするために，具体的に作成するものとする。
(2) 指導計画の作成に当たっては，次に示すところにより，具体的なねらい及び内容を明確に設定し，適切な環境を構成することなどにより活動が選択・展開されるようにするものとする。
ア 具体的なねらい及び内容は，幼稚園生活における幼児の発達の過程を見通し，幼児の生活の連続性，季節の変化などを考慮して，幼児の興味や関心，発達の実情などに応じて設定すること。
イ 環境は，具体的なねらいを達成するために適切なものとなるように構成し，幼児が自らその環境に関わることにより様々な活動を展開しつつ必要な体験を得られるようにすること。その際，幼児の生活する姿や発想を大切にし，常にその環境が適切なものとなるようにすること。
ウ 幼児の行う具体的な活動は，生活の流れの中で様々に変化するものであることに留意し，幼児が望ましい方向に向かって自ら活動を展開していくことができるよう必要な援助をすること。

その際，幼児の実態及び幼児を取り巻く状況の変化などに即して指導の過程についての評価を適切に行い，常に指導計画の改善を図るものとする。

3 指導計画の作成上の留意事項
指導計画の作成に当たっては，次の事項に留意するものとする。
(1) 長期的に発達を見通した年，学期，月などにわたる長期の指導計画やこれとの関連を保ちながらより具体的な幼児の生活に即した週，日などの短期の指導計画を作成し，適切な指導が行われるようにすること。特に，週，日などの短期の指導計画については，幼児の生活のリズムに配慮し，幼児の意識や興味の連続性のある活動が相互に関連して幼稚園生活の自然な流れの中に組み込まれるようにすること。
(2) 幼児が様々な人やものとの関わりを通して，多様な体験をし，心身の調和のとれた発達を促すようにしていくこと。その際，幼児の発達に即して主体的・対話的で深い学びが実現するようにするとともに，心を動かされる体験が次の活動を生み出すことを考慮し，一つ一つの体験が相互に結び付き，幼稚園生活が充実するようにすること。
(3) 言語に関する能力の発達と思考力等の発達が関連していることを踏まえ，幼稚園生活全体を通して，幼児の発達を踏まえた言語環境を整え，言語活動の充実を図ること。
(4) 幼児が次の活動への期待や意欲をもつことができるよう，幼児の実態を踏まえながら，教師や他の幼児と共に遊びや生活の中で見通しをもったり，振り返ったりするよう工夫すること。
(5) 行事の指導に当たっては，幼稚園生活の自然の流れの中で生活に変化や潤いを与え，幼児が主体的に楽しく活動できるようにすること。なお，それぞれの行事についてはその教育的価値を十分検討し，適切なものを精選し，幼児の負担にならないようにす

ること。
(6) 幼児期は直接的な体験が重要であることを踏まえ，視聴覚教材やコンピュータなど情報機器を活用する際には，幼稚園生活では得難い体験を補完するなど，幼児の体験との関連を考慮すること。
(7) 幼児の主体的な活動を促すためには，教師が多様な関わりをもつことが重要であることを踏まえ，教師は，理解者，共同作業者など様々な役割を果たし，幼児の発達に必要な豊かな体験が得られるよう，活動の場面に応じて，適切な指導を行うようにすること。
(8) 幼児の行う活動は，個人，グループ，学級全体などで多様に展開されるものであることを踏まえ，幼稚園全体の教師による協力体制を作りながら，一人一人の幼児が興味や欲求を十分に満足させるよう適切な援助を行うようにすること。

4 幼児理解に基づいた評価の実施
幼児一人一人の発達の理解に基づいた評価の実施に当たっては，次の事項に配慮するものとする。
(1) 指導の過程を振り返りながら幼児の理解を進め，幼児一人一人のよさや可能性などを把握し，指導の改善に生かすようにすること。その際，他の幼児との比較や一定の基準に対する達成度についての評定によって捉えるものではないことに留意すること。
(2) 評価の妥当性や信頼性が高められるよう創意工夫を行い，組織的かつ計画的な取組を推進するとともに，次年度又は小学校等にその内容が適切に引き継がれるようにすること。

第5 特別な配慮を必要とする幼児への指導
1 障害のある幼児などへの指導
障害のある幼児などへの指導に当たっては，集団の中で生活することを通して全体的な発達を促していくことに配慮し，特別支援学校などの助言又は援助を活用しつつ，個々の幼児の障害の状態などに応じた指導内容や指導方法の工夫を組織的かつ計画的に行うものとする。また，家庭，地域及び医療や福祉，保健等の業務を行う関係機関との連携を図り，長期的な視点で幼児への教育的支援を行うために，個別の教育支援計画を作成し活用することに努めるとともに，個々の幼児の実態を的確に把握し，個別の指導計画を作成し活用することに努めるものとする。

2 海外から帰国した幼児や生活に必要な日本語の習得に困難のある幼児の幼稚園生活への適応
海外から帰国した幼児や生活に必要な日本語の習得に困難のある幼児については，安心して自己を発揮できるよう配慮するなど個々の幼児の実態に応じ，指導内容や指導方法の工夫を組織的かつ計画的に行うものとする。

第6 幼稚園運営上の留意事項
1 各幼稚園においては，園長の方針の下に，園務分掌に基づき教職員が適切に役割を分担しつつ，相互に連携しながら，教育課程や指導の改善を図るものとする。また，各幼稚園が行う学校評価については，教育課程の編成，実施，改善が教育活動や幼稚園運営の中核となることを踏まえ，カリキュラム・マネジメントと関連付けながら実施するよう留意するものとする。
2 幼児の生活は，家庭を基盤として地域社会を通じて次第に広がりをもつものであることに留意し，家庭との連携を十分に図るなど，幼稚園における生活が家庭や地域社会と連続性を保ちつつ展開されるようにするものとする。
その際，地域の自然，高齢者や異年齢の子供などを含む人材，行事や公共施設などの地域の資源を積極的に活用し，幼児が豊かな生活体験を得られるように工夫するものとする。また，家庭との連携に当たっては，保護者との情報交換の機会を設けたり，保護者と幼児との活動の機会を設けたりなどすることを通じて，保護者の幼児期の教育に関する理解が深まるよう配慮するものとする。
3 地域や幼稚園の実態等により，幼稚園間に加え，保育所，幼保連携型認定こども園，小学校，中学校，高等学校及び特別支援学校などとの間の連携や交流を図るものとする。特に，幼稚園教育と小学校教育の円滑な接続のため，幼稚園の幼児と小学校の児童との交流の機会を積極的に設けるようにするものとする。また，障害のある幼児児童生徒との交流及び共同学習の機会を設け，共に尊重し合いながら協働して生活していく態度を育むよう努めるものとする。

第7 教育課程に係る教育時間終了後等に行う教育活動など
幼稚園は，第3章に示す教育課程に係る教育時間の終了後等に行う教育活動について，学校教育法に規定する目的及び目標並びにこの章の第1に示す幼稚園教育の基本を踏まえ実施するものとする。また，幼稚園の目的の達成に資するため，幼児の生活全体が豊かなものとなるよう家庭や地域における幼児期の教育の支援に努めるものとする。

第2章 ねらい及び内容
この章に示すねらいは，幼稚園教育において育みたい

資質・能力を幼児の生活する姿から捉えたものであり，内容は，ねらいを達成するために指導する事項である。各領域は，これらを幼児の発達の側面から，心身の健康に関する領域「健康」，人との関わりに関する領域「人間関係」，身近な環境との関わりに関する領域「環境」，言葉の獲得に関する領域「言葉」及び感性と表現に関する領域「表現」としてまとめ，示したものである。内容の取扱いは，幼児の発達を踏まえた指導を行うに当たって留意すべき事項である。

　各領域に示すねらいは，幼稚園における生活の全体を通じ，幼児が様々な体験を積み重ねる中で相互に関連をもちながら次第に達成に向かうものであること，内容は，幼児が環境に関わって展開する具体的な活動を通して総合的に指導されるものであることに留意しなければならない。

　また，「幼児期の終わりまでに育ってほしい姿」が，ねらい及び内容に基づく活動全体を通して資質・能力が育まれている幼児の幼稚園修了時の具体的な姿であることを踏まえ，指導を行う際に考慮するものとする。
なお，特に必要な場合には，各領域に示すねらいの趣旨に基づいて適切な，具体的な内容を工夫し，それを加えても差し支えないが，その場合には，それが第1章の第1に示す幼稚園教育の基本を逸脱しないよう慎重に配慮する必要がある。

健康
〔健康な心と体を育て，自ら健康で安全な生活をつくり出す力を養う。〕
1　ねらい
(1) 明るく伸び伸びと行動し，充実感を味わう。
(2) 自分の体を十分に動かし，進んで運動しようとする。
(3) 健康，安全な生活に必要な習慣や態度を身に付け，見通しをもって行動する。
2　内容
(1) 先生や友達と触れ合い，安定感をもって行動する。
(2) いろいろな遊びの中で十分に体を動かす。
(3) 進んで戸外で遊ぶ。
(4) 様々な活動に親しみ，楽しんで取り組む。
(5) 先生や友達と食べることを楽しみ，食べ物への興味や関心をもつ。
(6) 健康な生活のリズムを身に付ける。
(7) 身の回りを清潔にし，衣服の着脱，食事，排泄などの生活に必要な活動をせつ自分でする。
(8) 幼稚園における生活の仕方を知り，自分たちで生活の場を整えながら見通しをもって行動する。
(9) 自分の健康に関心をもち，病気の予防などに必要な活動を進んで行う。
(10) 危険な場所，危険な遊び方，災害時などの行動の仕方が分かり，安全に気を付けて行動する。
3　内容の取扱い
　上記の取扱いに当たっては，次の事項に留意する必要がある。
(1) 心と体の健康は，相互に密接な関連があるものであることを踏まえ，幼児が教師や他の幼児との温かい触れ合いの中で自己の存在感や充実感を味わうことなどを基盤として，しなやかな心と体の発達を促すこと。特に，十分に体を動かす気持ちよさを体験し，自ら体を動かそうとする意欲が育つようにすること。
(2) 様々な遊びの中で，幼児が興味や関心，能力に応じて全身を使って活動することにより，体を動かす楽しさを味わい，自分の体を大切にしようとする気持ちが育つようにすること。その際，多様な動きを経験する中で，体の動きを調整するようにすること。
(3) 自然の中で伸び伸びと体を動かして遊ぶことにより，体の諸機能の発達が促されることに留意し，幼児の興味や関心が戸外にも向くようにすること。その際，幼児の動線に配慮した園庭や遊具の配置などを工夫すること。
(4) 健康な心と体を育てるためには食育を通じた望ましい食習慣の形成が大切であることを踏まえ，幼児の食生活の実情に配慮し，和やかな雰囲気の中で教師や他の幼児と食べる喜びや楽しさを味わったり，様々な食べ物への興味や関心をもったりするなど，食の大切さに気付き，進んで食べようとする気持ちが育つようにすること。
(5) 基本的な生活習慣の形成に当たっては，家庭での生活経験に配慮し，幼児の自立心を育て，幼児が他の幼児と関わりながら主体的な活動を展開する中で，生活に必要な習慣を身に付け，次第に見通しをもって行動できるようにすること。
(6) 安全に関する指導に当たっては，情緒の安定を図り，遊びを通して安全についての構えを身に付け，危険な場所や事物などが分かり，安全についての理解を深めるようにすること。また，交通安全の習慣を身に付けるようにするとともに，避難訓練などを通して，災害などの緊急時に適切な行動がとれるようにすること。

人間関係
〔他の人々と親しみ，支え合って生活するために，自立心を育て，人と関わる力を養う。〕
1　ねらい

(1)　幼稚園生活を楽しみ，自分の力で行動することの充実感を味わう。
　(2)　身近な人と親しみ，関わりを深め，工夫したり，協力したりして一緒に活動する楽しさを味わい，愛情や信頼感をもつ。
　(3)　社会生活における望ましい習慣や態度を身に付ける。
2　内容
　(1)　先生や友達と共に過ごすことの喜びを味わう。
　(2)　自分で考え，自分で行動する。
　(3)　自分でできることは自分でする。
　(4)　いろいろな遊びを楽しみながら物事をやり遂げようとする気持ちをもつ。
　(5)　友達と積極的に関わりながら喜びや悲しみを共感し合う。
　(6)　自分の思ったことを相手に伝え，相手の思っていることに気付く。
　(7)　友達のよさに気付き，一緒に活動する楽しさを味わう。
　(8)　友達と楽しく活動する中で，共通の目的を見いだし，工夫したり，協力したりなどする。
　(9)　よいことや悪いことがあることに気付き，考えながら行動する。
　(10)　友達との関わりを深め，思いやりをもつ。
　(11)　友達と楽しく生活する中できまりの大切さに気付き，守ろうとする。
　(12)　共同の遊具や用具を大切にし，皆で使う。
　(13)　高齢者をはじめ地域の人々などの自分の生活に関係の深いいろいろな人に親しみをもつ。
3　内容の取扱い
　　上記の取扱いに当たっては，次の事項に留意する必要がある。
　(1)　教師との信頼関係に支えられて自分自身の生活を確立していくことが人と関わる基盤となることを考慮し，幼児が自ら周囲に働き掛けることにより多様な感情を体験し，試行錯誤しながら諦めずにやり遂げることの達成感や，前向きな見通しをもって自分の力で行うことの充実感を味わうことができるよう，幼児の行動を見守りながら適切な援助を行うようにすること。
　(2)　一人一人を生かした集団を形成しながら人と関わる力を育てていくようにすること。その際，集団の生活の中で，幼児が自己を発揮し，教師や他の幼児に認められる体験をし，自分のよさや特徴に気付き，自信をもって行動できるようにすること。
　(3)　幼児が互いに関わりを深め，協同して遊ぶようになるため，自ら行動する力を育てるようにするとともに，他の幼児と試行錯誤しながら活動を展開する楽しさや共通の目的が実現する喜びを味わうことができるようにすること。
　(4)　道徳性の芽生えを培うに当たっては，基本的な生活習慣の形成を図るとともに，幼児が他の幼児との関わりの中で他人の存在に気付き，相手を尊重する気持ちをもって行動できるようにし，また，自然や身近な動植物に親しむことなどを通して豊かな心情が育つようにすること。特に，人に対する信頼感や思いやりの気持ちは，葛藤やつまずきをも体験し，それらを乗り越えることにより次第に芽生えてくることに配慮すること。
　(5)　集団の生活を通して，幼児が人との関わりを深め，規範意識の芽生えが培われることを考慮し，幼児が教師との信頼関係に支えられて自己を発揮する中で，互いに思いを主張し，折り合いを付ける体験をし，きまりの必要性などに気付き，自分の気持ちを調整する力が育つようにすること。
　(6)　高齢者をはじめ地域の人々などの自分の生活に関係の深いいろいろな人と触れ合い，自分の感情や意志を表現しながら共に楽しみ，共感し合う体験を通して，これらの人々などに親しみをもち，人と関わることの楽しさや人の役に立つ喜びを味わうことができるようにすること。また，生活を通して親や祖父母などの家族の愛情に気付き，家族を大切にしようとする気持ちが育つようにすること。

環境
〔周囲の様々な環境に好奇心や探究心をもって関わり，それらを生活に取り入れていこうとする力を養う。〕
1　ねらい
　(1)　身近な環境に親しみ，自然と触れ合う中で様々な事象に興味や関心をもつ。
　(2)　身近な環境に自分から関わり，発見を楽しんだり，考えたりし，それを生活に取り入れようとする。
　(3)　身近な事象を見たり，考えたり，扱ったりする中で，物の性質や数量，文字などに対する感覚を豊かにする。
2　内容
　(1)　自然に触れて生活し，その大きさ，美しさ，不思議さなどに気付く。
　(2)　生活の中で，様々な物に触れ，その性質や仕組みに興味や関心をもつ。
　(3)　季節により自然や人間の生活に変化のあることに気付く。
　(4)　自然などの身近な事象に関心をもち，取り入れて

遊ぶ。
(5) 身近な動植物に親しみをもって接し，生命の尊さに気付き，いたわったり，大切にしたりする。
(6) 日常生活の中で，我が国や地域社会における様々な文化や伝統に親しむ。
(7) 身近な物を大切にする。
(8) 身近な物や遊具に興味をもって関わり，自分なりに比べたり，関連付けたりしながら考えたり，試したりして工夫して遊ぶ。
(9) 日常生活の中で数量や図形などに関心をもつ。
(10) 日常生活の中で簡単な標識や文字などに関心をもつ。
(11) 生活に関係の深い情報や施設などに興味や関心をもつ。
(12) 幼稚園内外の行事において国旗に親しむ。

3 内容の取扱い

上記の取扱いに当たっては，次の事項に留意する必要がある。

(1) 幼児が，遊びの中で周囲の環境と関わり，次第に周囲の世界に好奇心を抱き，その意味や操作の仕方に関心をもち，物事の法則性に気付き，自分なりに考えることができるようになる過程を大切にすること。また，他の幼児の考えなどに触れて新しい考えを生み出す喜びや楽しさを味わい，自分の考えをよりよいものにしようとする気持ちが育つようにすること。
(2) 幼児期において自然のもつ意味は大きく，自然の大きさ，美しさ，不思議さなどに直接触れる体験を通して，幼児の心が安らぎ，豊かな感情，好奇心，思考力，表現力の基礎が培われることを踏まえ，幼児が自然との関わりを深めることができるよう工夫すること。
(3) 身近な事象や動植物に対する感動を伝え合い，共感し合うことなどを通して自分から関わろうとする意欲を育てるとともに，様々な関わり方を通してそれらに対する親しみや畏敬の念，生命を大切にする気持ち，公共心，探究心などが養われるようにすること。
(4) 文化や伝統に親しむ際には，正月や節句など我が国の伝統的な行事，国歌，唱歌，わらべうたや我が国の伝統的な遊びに親しんだり，異なる文化に触れる活動に親しんだりすることを通じて，社会とのつながりの意識や国際理解の意識の芽生えなどが養われるようにすること。
(5) 数量や文字などに関しては，日常生活の中で幼児自身の必要感に基づく体験を大切にし，数量や文字などに関する興味や関心，感覚が養われるようにすること。

言葉

〔経験したことや考えたことなどを自分なりの言葉で表現し，相手の話す言葉を聞こうとする意欲や態度を育て，言葉に対する感覚や言葉で表現する力を養う。〕

1 ねらい

(1) 自分の気持ちを言葉で表現する楽しさを味わう。
(2) 人の言葉や話などをよく聞き，自分の経験したことや考えたことを話し，伝え合う喜びを味わう。
(3) 日常生活に必要な言葉が分かるようになるとともに，絵本や物語などに親しみ，言葉に対する感覚を豊かにし，先生や友達と心を通わせる。

2 内容

(1) 先生や友達の言葉や話に興味や関心をもち，親しみをもって聞いたり，話したりする。
(2) したり，見たり，聞いたり，感じたり，考えたりなどしたことを自分なりに言葉で表現する。
(3) したいこと，してほしいことを言葉で表現したり，分からないことを尋ねたりする。
(4) 人の話を注意して聞き，相手に分かるように話す。
(5) 生活の中で必要な言葉が分かり，使う。
(6) 親しみをもって日常の挨拶をする。
(7) 生活の中で言葉の楽しさや美しさに気付く。
(8) いろいろな体験を通じてイメージや言葉を豊かにする。
(9) 絵本や物語などに親しみ，興味をもって聞き，想像をする楽しさを味わう。
(10) 日常生活の中で，文字などで伝える楽しさを味わう。

3 内容の取扱い

上記の取扱いに当たっては，次の事項に留意する必要がある。

(1) 言葉は，身近な人に親しみをもって接し，自分の感情や意志などを伝え，それに相手が応答し，その言葉を聞くことを通して次第に獲得されていくものであることを考慮して，幼児が教師や他の幼児と関わることにより心を動かされるような体験をし，言葉を交わす喜びを味わえるようにすること。
(2) 幼児が自分の思いを言葉で伝えるとともに，教師や他の幼児などの話を興味をもって注意して聞くことを通して次第に話を理解するようになっていき，言葉による伝え合いができるようにすること。
(3) 絵本や物語などで，その内容と自分の経験とを結び付けたり，想像を巡らせたりするなど，楽しみを十分に味わうことによって，次第に豊かなイメージ

をもち，言葉に対する感覚が養われるようにすること。
(4) 幼児が生活の中で，言葉の響きやリズム，新しい言葉や表現などに触れ，これらを使う楽しさを味わえるようにすること。その際，絵本や物語に親しんだり，言葉遊びなどをしたりすることを通して，言葉が豊かになるようにすること。
(5) 幼児が日常生活の中で，文字などを使いながら思ったことや考えたことを伝える喜びや楽しさを味わい，文字に対する興味や関心をもつようにすること。

表現
〔感じたことや考えたことを自分なりに表現することを通して，豊かな感性や表現する力を養い，創造性を豊かにする。〕
1 ねらい
(1) いろいろなものの美しさなどに対する豊かな感性をもつ。
(2) 感じたことや考えたことを自分なりに表現して楽しむ。
(3) 生活の中でイメージを豊かにし，様々な表現を楽しむ。
2 内容
(1) 生活の中で様々な音，形，色，手触り，動きなどに気付いたり，感じたりするなどして楽しむ。
(2) 生活の中で美しいものや心を動かす出来事に触れ，イメージを豊かにする。
(3) 様々な出来事の中で，感動したことを伝え合う楽しさを味わう。
(4) 感じたこと，考えたことなどを音や動きなどで表現したり，自由にかいたり，つくったりなどする。
(5) いろいろな素材に親しみ，工夫して遊ぶ。
(6) 音楽に親しみ，歌を歌ったり，簡単なリズム楽器を使ったりなどする楽しさを味わう。
(7) かいたり，つくったりすることを楽しみ，遊びに使ったり，飾ったりなどする。
(8) 自分のイメージを動きや言葉などで表現したり，演じて遊んだりするなどの楽しさを味わう。
3 内容の取扱い
上記の取扱いに当たっては，次の事項に留意する必要がある。
(1) 豊かな感性は，身近な環境と十分に関わる中で美しいもの，優れたもの，心を動かす出来事などに出会い，そこから得た感動を他の幼児や教師と共有し，様々に表現することなどを通して養われるようにすること。その際，風の音や雨の音，身近にある草や花の形や色など自然の中にある音，形，色などに気付くようにすること。
(2) 幼児の自己表現は素朴な形で行われることが多いので，教師はそのような表現を受容し，幼児自身の表現しようとする意欲を受け止めて，幼児が生活の中で幼児らしい様々な表現を楽しむことができるようにすること。
(3) 生活経験や発達に応じ，自ら様々な表現を楽しみ，表現する意欲を十分に発揮させることができるように，遊具や用具などを整えたり，様々な素材や表現の仕方に親しんだり，他の幼児の表現に触れられるよう配慮したりし，表現する過程を大切にして自己表現を楽しめるように工夫すること。

第3章 教育課程に係る教育時間の終了後等に行う教育活動などの留意事項

1 地域の実態や保護者の要請により，教育課程に係る教育時間の終了後等に希望する者を対象に行う教育活動については，幼児の心身の負担に配慮するものとする。また，次の点にも留意するものとする。
(1) 教育課程に基づく活動を考慮し，幼児期にふさわしい無理のないものとなるようにすること。その際，教育課程に基づく活動を担当する教師と緊密な連携を図るようにすること。
(2) 家庭や地域での幼児の生活も考慮し，教育課程に係る教育時間の終了後等に行う教育活動の計画を作成するようにすること。その際，地域の人々と連携するなど，地域の様々な資源を活用しつつ，多様な体験ができるようにすること。
(3) 家庭との緊密な連携を図るようにすること。その際，情報交換の機会を設けたりするなど，保護者が，幼稚園と共に幼児を育てるという意識が高まるようにすること。
(4) 地域の実態や保護者の事情とともに幼児の生活のリズムを踏まえつつ，例えば実施日数や時間などについて，弾力的な運用に配慮すること。
(5) 適切な責任体制と指導体制を整備した上で行うようにすること。

2 幼稚園の運営に当たっては，子育ての支援のために保護者や地域の人々に機能や施設を開放して，園内体制の整備や関係機関との連携及び協力に配慮しつつ，幼児期の教育に関する相談に応じたり，情報を提供したり，幼児と保護者との登園を受け入れたり，保護者同士の交流の機会を提供したりするなど，幼稚園と家庭が一体となって幼児と関わる取組を進め，地域における幼児期の教育のセンターとしての役割を果たすよう努めるものと

する。その際,心理や保健の専門家,地域の子育て経験者等と連携・協働しながら取り組むよう配慮するものとする。

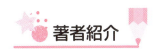

編者

山本　一成　大阪樟蔭女子大学

1983年、埼玉県生まれ。京都造形芸術大学こども芸術大学にて保育者として勤務したのち、京都大学大学院教育学研究科博士後期課程修了。現在、大阪樟蔭女子大学児童学部講師。専門は臨床教育学・保育学で、保育環境論、子どもの想像力、幼児期の持続発展教育などについて研究を行っている。

執筆者 (担当章順)

中西さやか　名寄市立大学

佐々木基裕　名古屋女子大学

上山瑠津子　福山市立大学

藤井　真樹　名古屋学芸大学

福若　眞人　京都大学大学院教育学研究科

嵩倉　美帆　京都大学大学院教育学研究科

門松　愛　名古屋女子大学

保育原理

2018年3月31日初版発行

編　　　者：山本一成
発　行　者：植木　茜
発　行　所：七猫社
　　　　　　大阪府大阪市西成区千本南 1-9-8
販　売　所：合同会社 ヴィッセン出版
印刷・製本：亜細亜印刷 株式会社

© Seven Cats Publisher 2018　Printed in Japan
ISBN 978-4-908869-04-4 C3037

乱丁・落丁本はお取り替えいたします。小社までご連絡ください。
本書の複写、デジタル化等の無断複製は著作権上の例外を除き禁じられています。